$L_n \frac{27}{18814}$

MÉMOIRE

SUR LE LIEUTENANT - GÉNÉRAL D'ARTILLERIE

Baron Alexandre de SENARMONT.

Paul Bourgeois lith.

Imp. par Thierry frères.

B.t.

SÉNARMONT

(Aléxandre, Antoine Hureau Baron de)

Né à Strasbourg le 21 Avril 1769,
Tué, lieut.ᵗ Général, le 26 Octobre 1810,
au Siège de Cadix, ou il commandait l'Artillerie.

MÉMOIRE

SUR

LE LIEUTENANT-GÉNÉRAL D'ARTILLERIE

Baron Alexandre de SENARMONT,

RÉDIGÉ

SUR LES PIÈCES OFFICIELLES DU DÉPOT DE LA GUERRE ET DES ARCHIVES DU
DÉPOT CENTRAL DE L'ARTILLERIE, SA CORRESPONDANCE
PRIVÉE ET SES PAPIERS DE FAMILLE.

Par le général d'Artillerie MARION.

PARIS,

J. CORRÉARD, ÉDITEUR D'OUVRAGES MILITAIRES,
RUE DE L'EST, 9.

1846.

MÉMOIRE

SUR LE LIEUTENANT–GÉNÉRAL D'ARTILLERIE,

Baron Alexandre de SENARMONT.

RÉDIGÉ SUR LES PIÈCES OFFICIELLES DU DÉPOT DE LA GUERRE ET DES ARCHIVES DU DÉPOT CENTRAL DE L'ARTILLERIE, SA CORRESPONDANCE PRIVÉE, ET DES PAPIERS DE FAMILLE.

———◦◦◦———

Alexandre-Antoine Hureau de Senarmont, général de division, inspecteur-général d'artillerie, commandant en chef l'artillerie des armées d'Espagne, baron de l'Empire, président à vie du collége électoral du département d'Eure-et-Loir, commandant de la Légion-d'Honneur, chevalier de l'ordre de la Couronne de Fer, grand'croix de l'ordre de Baden, naquit à Strasbourg, le 21 avril 1769, deuxième fils d'Alexandre François, lieutenant général-d'artillerie, et de Marie Le Veillard, issue d'une famille d'ancienne no-blesse, aujourd'hui éteinte, originaire de Blévy en Thimerais, près Dreux, (département d'Eure-et-Loir).

Sa famille paternelle, originaire des environs de Chartres, et annoblie pour ses services militaires, s'était fixée à Dreux, qu'il regarda et aima toujours comme son pays, malgré la circonstance qui l'avait fait naître à Strasbourg, où sa mère avait suivi son mari, alors capitaine d'artillerie, détaché à la manufacture d'armes du Klingenthal.

Son père, Alexandre-François, entré au service en 1747, après avoir commandé en chef l'artillerie à la bataille de Goudelour, puis le port de Trinconomalé, devint successivement, depuis son retour en France, directeur de l'artillerie au Hâvre, colonel du régiment de Besançon, commandant de l'artillerie et de la place de Metz, maréchal de camp en 1792, commandant, soit en chef soit en second, l'artillerie aux armées du Rhin, du Centre et de la Moselle. Blessé grièvement à Valmy, nommé ensuite général de division en 1793, il prit sa retraite à la fin de la même année, et mourut, en 1805, quelques mois après avoir été nommé chevalier de la Légion-d'honneur.

Son oncle, l'aîné de trois frères, Alexandre-Claude-Charles-René, capitaine au régiment de Montboissier, infanterie (depuis Aunis), et chevalier de Saint-Louis, est mort en retraite à Dreux en 1789.

Son autre oncle, le plus jeune, Alexandre-Jean-Jacques, mourut à 23 ans, sous-lieutenant au bataillon de Soucy, artillerie.

Son grand-père, Claude-Alexandre, capitaine au régiment d'Ouroy, infanterie, (depuis Hainault), chevalier de Saint-Louis, fut tué devant Spire, le 10 octobre 1735, par un boulet qui lui emporta l'épaule gauche, déjà fracassée d'un coup de feu à la bataille de Malplaquet, en 1709.

Son grand-oncle, Louis-Pierre, capitaine aide-major au régiment d'Albigeois, infanterie, fut tué de sept coups de feu à la bataille de Cassano, en 1705.

Un arrière grand-oncle, Jean Rosse de la Ferrette, lieutenant au régiment de la Marche, infanterie, fut tué au siége d'Ath, en 1697.

Alexandre-Antoine de Sénarmont entra, en 1780, à l'école militaire de Vendôme; de là au collége de St-Louis, à Metz, où il fut reçu élève d'artillerie le 1er septembre 1784. Le 1er septembre 1785, il fut nommé lieutenant en second au régiment de Besançon, artillerie. Le 1er avril 1791, dans la nouvelle organisation de l'artillerie, il passa lieutenant en premier dans le 7e régiment, (ci-devant Toul.) Et le 2 février 1792, il fut nommé capitaine en second de la 5e compagnie d'ouvriers..

Campagne de 1792.

La guerre ayant été déclarée le 20 avril 1792, il fut employé avec sa compagnie à l'armée des Ardennes, qui, sous le commandement du général de Valence, envahit Nivelles et Namur. Le 30 août suivant, il fut nommé capitaine en premier de la même compagnie.

C'est à tort que la compilation, intitulée *Victoires et conquêtes*, etc., tom. Ier, p. 81, lui fait commander en second l'artillerie, au siége d'Anvers, sous le général Guiscard. Le rédacteur aura confondu son nom avec celui du capitaine du génie Sénermont (1), qui fut chargé par le gé-

(1) Depuis officier général du génie, mort à Abbeville.

néral Miranda de porter à la Convention nationale les drapeaux pris dans cette place.

Campagne de 1793.

Senarmont fit la campagne de 1793 à l'armée de la Moselle, et fut employé à Philippeville. Là, vivement épris, il épousa, le 24 novembre 1793, Marie-Josèphe-Henriette-Rosalie, fille d'Hippolyte Romain Hufty, ancien procureur du roi à la prévôté de Philippeville.

Se marier à 24 ans, au milieu de la conflagration de l'Europe, c'était pour le jeune capitaine donner bien des gages à la fortune ; du moins trouva-t-il dans cette union toutes les chanches de bonheur que peuvent garantir les vertus domestiques, les charmes de l'esprit, réunis à ceux de la personne, et une douceur inaltérable.

Campagne de 1794.

Il fit la campagne de 1794, à l'armée des Ardennes, commandée simultanément pendant quelque temps par les généraux Charbonnier et Desjardins. Cette armée passa la Sambre le 10 mai, pour faire une tentative sur Charleroi, échoua à Grandsengt le 13, la repassa le 20, pour échouer de nouveau à Grandsengt le 21 ; troisième passage le 2 juin, retraite le 3 ; quatrième passage le 12, retraite le 14 ; enfin le 18, cinquième et dernier passage. « Mais que pou- « vait-on attendre d'une armée commandée à la fois par « deux généraux ; un corps à deux têtes est un monstre. (1) »

(1) Lettre autographe du général Marescot au citoyen Carnot (5 juin 1794.) Dépôt de la guerre.

C'est à la troisième retraite, le 3 juin, que le capitaine Senarmont, commandant l'équipage du pont, se distingua par un fait d'armes, mis à l'ordre de l'armée, célébré dans les bulletins officiels, qui lui valut, le 30 thermidor suivant, (17 août), une lettre de félicitation du Comité de Salut public.

Nous allons donner son propre rapport, que nous avons été assez heureux pour trouver au dépôt de la guerre, N° 161.

AU GÉNÉRAL EN CHEF DESJARDINS.

Ferme de Beaudrebut, 16 prairial an XI (4 juin).

« Je vais, Général, suivant tes ordres, te rendre un
« compte détaillé de la levée du pont de Moriceau, près
« Marchienne–au–Pont.

« Lorsque toute la colonne eut défilé, et que les deux
« bataillons d'infanterie légère, chargés de la soutenir,
« eurent passé le pont et se furent portés en bataille der-
« rière, alors nous commençâmes notre opération déjà pré-
« parée. L'ennemi nous chauffait, et sans la protection des
« pièces d'artillerie, établies par le général d'artillerie La-
« prun, et commandées par le chef de bataillon Grosclaude,
« il nous eût été impossible de l'achever.

« Je n'avais avec moi que six ouvriers, dont le nom mé-
« rite d'être connu ; ce sont les citoyens Bretzner, sergent-
« major, Poinsignon caporal, Lajeunesse, Gigout, Mar-
« tin, Michel, qui, jusqu'à la fin de la levée du pont, sont
« restés travaillant avec la plus grande ardeur ; quelques
« sapeurs de la compagnie de Siouville, et une compagnie

« de grenadiers du 19ᵉ bataillon des volontaires nationaux,
« qui s'est retirée sans ordre; excepté le sous-lieutenant
« Fourcade, et le brave grenadier Lafaye, alors en faction,
« qui se sont approchés, et m'ont dit : *Citoyen, la patrie*
« *nous a confié ce poste, nous y mourrons avec vous,*
« *ou nous sauverons le pont.* La patrie doit de la recon-
« naissance à ces braves gens.

« Dans ce moment, un hacquet, par la frayeur des che-
« vaux, eut un timon brisé, un ponton eut son bec crevé
« à l'angle par un boulet, un volontaire fut coupé en deux,
« un cheval d'artillerie blessé, et le cheval d'un officier
« d'infanterie légère eut l'épaule fracassée. Cependant,
« avec l'aide des chasseurs et la bonne conduite des char-
« retiers et conducteurs, nous emmenâmes tous nos pon-
« tons, moins celui qui avait le timon du hacquet brisé.

« J'avais envoyé chercher des ouvriers, un timon et des
« chevaux au parc; quelques ouvriers faisant difficulté de
« marcher sur la demande du capitaine d'artillerie légère
« Miras, le citoyen Lapointe ouvrier s'avançant, dit :
« *Eh bien! ce n'est pas mon tour moi, j'irai.* Il fut
« suivi de Jean Jungerman, Lapagne. Je les rencontrai avec
« le caporal Poinsignon, et nous retournâmes chercher le
« ponton que nous ramenâmes sans accident. »

« Récompense ces braves gens, général, en faisant con-
« naître leur conduite aux législateurs. »

Quelle simplicité de style, quand on le compare à la phra-
séologie de l'époque! Nous voyons, dès ce premier récit,
Senarmont s'effacer personnellement, comme il le fit toute
sa vie, pour faire valoir ses subordonnés.

Le 25 juin, prise de Charleroi. Le 26, bataille de Fleurus. Senarmont y porta le sang-froid et le courage dont il avait fait preuve à Marchienne.

Les troupes qui, sous les ordres de Jourdan, avaient gagné la bataille de Fleurus, c'est à dire, l'armée des Ardennes, deux divisions de l'armée du Nord, et 30,000 hommes de l'armée de la Moselle, prennent le nom d'armée de Sambre-et-Meuse.

1er juillet, combat et prise de Mons; 17 septembre, attaque de Maëstricht. Nommé commandant du parc de siège, Senarmont fut grièvement malade à Givet, de la petite vérole, dont il resta fortement marqué.

4 novembre, prise de Maëstricht. Le 23 novembre 1794, Senarmont est nommé chef de bataillon, sous-directeur de l'artillerie, à Douay.

Campagne de 1795.

En 1795, il fit campagne d'abord dans l'armée de la Moselle; il passa ensuite dans celle de Sambre-et-Meuse, qui releva l'armée de la Moselle pour le siège de Luxembourg. Après la reddition de cette place, le 10 juin, il y commanda l'artillerie.

Campagne de 1796.

Il fit la campagne de 1796 dans l'armée du Nord, dont Beurnonville reçut le commandement en avril, et qui resta armée d'occupation. Le chef de bataillon Senarmont y était directeur du parc d'artillerie.

Campagne de 1797.

En 1797, Senarmont appartient de nouveau à l'armée de Sambre-et-Meuse, dont Hoche prend le commandement. Le 18 avril, passage du Rhin à Neuwied. Senarmont y prend part. Les préliminaires de Léoben, signés le 17 avril, arrêtent la marche de l'armée de Sambre-et-Meuse.

Campagne de 1799.

Senarmont commença la campagne de 1799 à l'armée du Rhin ; mais son rare mérite ayant attiré sur lui l'attention du gouvernement, il fut appelé au comité d'artillerie, d'où il partit pour l'armée de réserve qui remporta la grande victoire de Marengo (14 juin 1800).

La prodigieuse activité de Senarmont fut très utile au célèbre Gassendi, directeur-général des parcs de l'armée, et chargé, comme tel, d'organiser l'artillerie à Auxonne. Lorsque tout fut terminé, et que les troupes de l'avant-garde commencèrent à entrer dans le Valais, Senarmont partit en poste d'Auxonne pour rejoindre l'armée, dont l'artillerie, en l'absence du général de Saint-Rémy, fut commandée en chef par le général de brigade Marmont (devenu depuis premier inspecteur-général en 1802, colonel-général des chasseurs en 1804, duc de Raguse en 1807, et maréchal de l'Empire en 1809).

A Saint-Pierre, Senarmont aida puissamment le chef de brigade Allix, pour le passage de l'artillerie par le grand

Saint-Bernard (1), et arrivé devant Bard (entre Ivrée et Aoste), il dirigea en partie le passage sous le feu du fort. Ce fort situé sur un mamelon, entre deux montagnes assez rapprochées pour fermer presqu'entièrement la vallée en cet endroit, plongeait d'un côté la Doria-Baltéa, torrent parsemé d'écueils à fleur d'eau, et de l'autre la ville de Bard, dont l'entrée au couchant était défendue par d'anciennes tours, jointes par des murs d'une grande épaisseur. La sortie au levant était flanquée par des bastions qu'il fallait prendre pour pouvoir traverser cette cité, avant d'arriver sur les derrières de l'armée autrichienne en Piémont.

Après avoir bien reconnu l'impossibilité d'emporter ce fort, parfaitement à l'abri d'un coup de main, on résolut de forcer les barrières et les portes de la ville, afin d'y faire passer l'artillerie qui ne pouvait suivre l'étroit sentier d'Albaredo, déjà très difficile pour l'infanterie et la cavalerie. Jusque-là, en effet, il n'avait été suivi que par des chévriers et des troupeaux.

La ville prise, l'audacieux Marmont fit jeter de la terre et du fumier dans la rue. Il s'agissait de passer au pied du fort, à portée de pistolet de l'ennemi. Pour diminuer encore le bruit, on entoura les roues et les ferrures vacillantes avec des tresses de paille. Chaque voiture était traînée à la prolonge par 50 braves, marchant la nuit dans le plus profond silence, sous le feu des pièces du fort, dont la direction avait été très bien prise pendant le jour, sous une grêle d'obus, de bombes, de grenades et d'artifices foudroyants, que l'ennemi ne ces-

(1) Ce passage est très bien décrit, p. 265 et suivantes de la 5e édition de l'aide mémoire d'artillerie, publié en 1819 par le lieutenant-général, comte Gassendi, conseiller d'État, pair de France, etc. etc.

sait de lancer ou de diriger à l'aide d'augets. Malgré tous les dangers, l'artillerie passa (1) ; celle du général Lannes la première (ce corps d'armée se composait de la division Vatrin, formée de la 6e demi-brigade d'infanterie légère, et des 22e, 28e et 4e de ligne), et successivement celle des autres corps.

Le général Marmont fut parfaitement secondé dans cette difficile opération par MM. de Senarmont, Pernety (lieutenant-général d'artillerie, pair de France en 1845), et autres officiers supérieurs de son arme.

Le fort de Bard, qui ne se rendit qu'après le passage de l'armée de réserve, y fut contraint par le feu bien dirigé d'une pièce montée avec de très grandes difficultés sur la tour de l'église, en face de la porte enfoncée à coups de canon.

Aussitôt après l'entrée de l'avant-garde de l'armée de réserve à Pavie, le chef de bataillon Senarmont fut chargé de construire, sur le Pô, des ponts, qu'il jeta avec une grande promptitude, à la vive satisfaction du premier Consul et du général Marmont.

Ses services ne tardèrent pas à être récompensés par le grade de chef de brigade. (Cette dénomination fut bientôt remplacée par celle de colonel ; le grade intermédiaire de lieutenant-colonel n'existait pas alors).

Après l'armistice, l'armée de réserve et l'armée d'Italie

(1) Le lieutenant Marion (aujourd'hui général en retraite à Paris) passa le premier avec une partie de sa compagnie, la 5e du 1er régiment à pied. Il y fut blessé, et le général Marmont, satisfait de la conduite de ce jeune officier, le proposa pour un sabre d'honneur, ou pour le premier grade de capitaine. Le sergent-major Zerlaut, les canonniers Renaud, Vuadet et Paquet de la même compagnie, reçurent des grenades d'honneur.

furent réunies, l'état-major de l'artillerie de l'armée de réserve dissous, et Senarmont rappelé en France, ainsi que le général Marmont.

Pendant les guerres de la République, les régiments d'artillerie dispersés dans les dépôts, sans chefs, étaient dans un désordre complet sous tous les rapports. Le premier consul en donna le commandement aux officiers les plus distingués par leurs talents.

Le 21 janvier 1802, Senarmont fut appelé à commander le 6e régiment d'artillerie à pied à Rennes. Ce corps avait besoin d'une réorganisation complète. Il y donna tous ses soins, établit un ordre admirable, et une discipline en même temps juste et sévère.

Il dirigea lui-même l'instruction sur toutes les parties du métier, et créa pour les manœuvres un réglement qu'il mit plus tard (1807) en vigueur dans l'artillerie du 1er corps. Les officiers du 6e régiment se sont toujours rappelé cette bonté paternelle, cette franchise chevaleresque, qui tempérait en lui un caractère ardent comme son génie, et qui adoucissait la sévérité d'un amour de l'ordre et du devoir porté jusqu'à l'enthousiasme,

Campagne de 1803 et 1804.

Le 8 décembre 1803, Senarmont fut nommé chef d'état-major de l'artillerie du général de division Dorsner, au camp de Brest, sous les ordres d'Augereau ; le 12 décembre, chevalier de la Légion d'Honneur ; le 4 janvier 1804, appelé au camp de Boulogne, comme commandant le personnel de l'équipage de siége. Le 9 juin, il fut nommé officier de la Légion d'Honneur. Le 25 juin, il fut confirmé dans l'emploi de chef d'état-major d'artillerie de l'armée de réserve des côtes.

Dans cette brillante réunion qui forma le noyau de la grande armée, Senarmont se fit remarquer, comme partout, par son zèle et son étonnante activité; aussi rendit-il promptement son régiment (le 6e d'artillerie) un des plus instruits et des mieux disciplinés de l'armée. Présenté peu après, à une revue, pour un avancement bien mérité, l'Empereur lui dit : « *Vous êtes bien jeune. — Sire, j'ai votre âge.* »

Cet avancement devait encore être conquis sur le champ de bataille.

Le 3 mai 1805, Senarmont fut nommé sous-chef de l'état-major général de l'artillerie, commandée en chef par le comte Songis, premier inspecteur-général de l'arme.

En traversant la Bavière, pour marcher sur Vienne, pendant l'automne de 1805, des maraudeurs maltraitaient de malheureux paysans, occupés à éteindre l'incendie de leurs maisons; ils voulaient les forcer à leur servir à boire. Senarmont, sans réfléchir à son isolement, s'élance pour les chasser; il eut été assassiné, sans l'intervention inattendue de quelques officiers d'artillerie, et il mit en fuite ces pillards.

A l'entrée des Français à Braunau, le colonel Senarmont fut chargé, avec le capitaine Henrion, d'armer immédiatement cette place; ce qu'il fit presque sans moyens et avec une promptitude étonnante.

Les dispositions prises par l'Empereur pour la bataille d'Austerlitz (2 décembre 1805), donnaient une grande importance à une hauteur appelée le Bosnitzberg ou le Santon.

Elle devait appuyer la gauche de l'armée. La veille de la bataille, l'Empereur chargea Senarmont d'armer et de tenir cette position, et le colonel lui en répondit sur sa tête. Il s'y retrancha et y disposa habilement 18 pièces de gros calibre qui composaient son artillerie. Les Russes ne pouvaient, sans s'exposer à être pris en flanc, attaquer la montagne avant d'avoir pris le village de Bosnitz qui la précède. « Senarmont saisissant cette considération avec le coup-d'œil militaire qui le caractérise, dispose la plus grande partie de ses pièces de manière à battre les Russes quand ils attaqueront le village, et même de manière à battre le village si les Russes s'en emparent. Les choses se passèrent comme Senarmont l'avait prévu » (1). « Le général Bagration, à la tête de son avant-garde, voulut enlever la position du Santon; mais après plusieurs attaques infructueuses, écrasé par l'artillerie du colonel Senarmont, il fut obligé de rétrograder jusqu'à Porositz, abandonnant un nombre immense de morts et de blessés. » (2)

Cette remarquable défense, sur un point capital, valut à Senarmont les éloges publics de l'Empereur.

LETTRE A SON FRÈRE. — *Fribourg en Brisgaw, 4 Avril* 1806.

« Tout se réunit pour nous clouer en Allemagne. L'éva-
« cuation de l'artillerie prise en Autriche se traîne avec une
« extrême lenteur, et notre séjour y est attaché. »

(1) Histoire de tactique des trois armes, et plus particulièrement de l'artillerie de campagne, par M. Favé, capitaine d'artillerie.

(2) France militaire, etc., par Abel Hugo, t. III.

« Je viens de recevoir l'ordre de terminer mon opération
« et de retourner à Augsbourg, où se trouve notre quartier-
« général d'artillerie. »

Campagne de 1806 et de 1807.

Le 10 juillet 1806, Senarmont fut enfin nommé général
de brigade, tout en restant sous-chef de l'état-major général
de l'artillerie de la grande armée.

A son Frère. — *Augsbourg,* 3 *août* 1806.

« J'ai reçu partout sur mon passage, et à mon arrivée
« ici, mille marques d'amitié des officiers du corps, et d'at-
« tachement de mon pauvre 6ᵉ, qui m'ont été très sensibles.
« Les canonniers même m'ont montré une affection sur
« laquelle je ne comptais pas, mais qui m'a fait grand plai-
« sir. Tout me prouve, ce que je pensais depuis longtemps,
« *qu'il vaut mieux que les grades viennent nous trouver,*
« *que de les aller chercher.* »

« Il est presque sûr que Camas (1) aura le 6ᵉ ; il l'aime, et y
« est fort désiré. Comme nous avons toujours travaillé de con-
« cert, je n'aurai pas le désagrément de voir détruire ce qui
« m'a donné tant de peine à établir. »

(1) Major (lieutenant-colonel) du 6ᵉ. Le baron de Camas, général d'artillerie est en retraite (1845) à Vannes. Il était l'ami du général Senarmont depuis l'école de Metz en 1784.

Le 15 août 1806, Senarmont fut nommé commandant de l'école de Metz. Ce commandement ne fut que titulaire; et ce fut comme sous-chef de l'état-major général qu'il assista à la bataille d'Iéna, le 14 octobre 1806.

A l'entrée des Français à Berlin, après la bataille d'Iéna, l'Empereur ordonna le désarmement des habitants. L'artillerie faisait déposer les armes dans des bateaux amenés près de l'arsenal. Des officiers voulurent s'emparer de quelques fusils remarquables par leur beau travail. Senarmont, chargé de l'opération, met l'épée à la main, et force ces officiers à se retirer; il place des gardes, et envoie les bateaux à Spandeau, d'où les armes ne sortirent, à la paix de Tilsitt, que pour être rendues à leurs propriétaires.

Le 21 novembre 1806, Senarmont, général de brigade, fut nommé commandant de l'artillerie du 7ᵉ corps (maréchal Augereau) qu'il rejoignit à Bromberg, pour la pénible campagne de Pologne. La position des officiers était dure, la solde arriérée, les besoins grands, et la [discipline relâchée.

A son Frère. — *Bromberg sur la Warth, Pologne Prussienne, 21 novembre.*

« On nous a fait *la grâce infinie* de nous payer à Berlin
« le mois de *mai.* »

Le 9 novembre, le quartier-général s'établit à Kazun; le général Senarmont fut chargé d'y construire un pont sur la Vistule.

Rapport à l'Empereur, sur la construction du pont de Kazun.

Sire;

« La Vistule a de large, dans le point de passage à Kazun,

« 157 toises (314 mètres) couvertes par les eaux, et 52 toises
« (104 mètres) d'une plage submersible à la moindre crue.

« Il faut pour la couvrir 60 bateaux, en les supposant de
« la dimension de ceux de l'artillerie, et y compris les re-
« changes.

« Il existe à Kazun, tant de bateaux trouvés dans le pays
« et mis en état, que de ceux arrivés de Wracklawick, 16
« bateaux de commerce, 2 grands bacs, 3 passe-chevaux et
« 10 nacelles.

« L'équipage de pont qui m'est annoncé pour demain,
« consiste, ainsi que V. M. I. le verra par le rapport ci-
« joint de l'officier qui le commande, en 14 bateaux, dont la
« plupart exigent des réparations considérables et très lon-
« gues, et 21 pontons qui ne peuvent couvrir, par le peu de
« longueur de leurs poutrelles, que 12 à 15 pieds. J'estime
« (je ne puis l'assurer à V. M. I., n'ayant pas encore vu l'é-
« quipage de pont), que ces moyens réunis équivaudront à
« peu près à 40 bateaux ; ce sera donc 20 encore qui nous
« manqueront.

« Le pays n'offre plus *aucune ressource* en ce genre, à
« l'exception de quelques bateaux entièrement dégradés et
« coulés par les Russes, et qu'il faut des mois entiers pour
« réparer.

« J'ai réuni la presque totalité des bois qui seront néces-
« saires, fait fabriquer plus de la moitié des ferrures, les ca-
« nonniers ont déjà construit 22 paniers que nous charge-
« rons de pierres pour remplacer les ancres, et je fais conti-
« nuer. Enfin dans deux ou trois jours nous serions en
« mesure, si les 20 bateaux manquant nous étaient fournis
« avec leurs cordages.

« La volonté de **V. M. I.** peut seule vaincre ces obsta-
« cles, que tout mon dévoûment et mon zèle ne peuvent
« surmonter. »

« A Kazun, 21 décembre 1806. »

« Le général de brigade commandant l'artillerie
« du 7ᵉ corps. »

AL. SENARMONT.

Rapport pareil, même date, au prince de Neuchâtel (1).

Les obstacles furent en effet vaincus par la volonté de
l'Empereur.

*Extrait d'un rapport du maréchal Augereau sur les
opérations du 7ᵉ corps (2).*

« Le 24 décembre le 7ᵉ corps se mit en marche au point
du jour pour effectuer le passage de la Wkra, rivière assez
forte entre Plonsk et Novomiasto, sur les deux ponts de
Kursomb et de Sochoezyn. L'ennemi, qui occupait ces deux
ponts en force, les rompit à l'approche des Français.

« La 1ʳᵉ division commandée par le général Desjardins,
trouvant la position de l'ennemi très forte au pont de Kur-

---

(1) Dépôt de la guerre. Campagnes de la grande armée. Campagne de
1806 et 1807, T. XI. des pièces officielles.

(2) Même recueil, même volume.

somb, ce général donna ordre au général Lapisse de se porter avec deux bataillons d'infanterie légère au pont de Pruski
situé à environ trois kilomètres plus bas que celui de Kursomb, pour y surprendre l'ennemi qui n'avait pas d'artillerie.
Il ordonna en outre que les quatre pièces d'artillerie de sa
division fussent dirigées de manière à empêcher l'ennemi
d'employer les siennes contre notre infanterie. »

« A peine le général Lapisse avait-il jeté deux cents
hommes sur l'autre rive, le colonel Savary chargé de l'attaque
du pont de Kursomb, attendant à peine qu'il fût rétabli avec
quelques planches arrachées à une maison voisine, l'enleva
avec une intrépidité admirable et périt au milieu de son
succès.

« La 2e division fit une tentative sur le pont de Sochoezyn ; malgré l'intrépidité de la troupe, elle fut obligée d'a-
bandonner la réparation du pont, où furent tués le chef de
bataillon Martin, le capitaine de génie Laforcade, un capitaine de carabiniers et vingt hommes, et le lieutenant d'artillerie Amoudru. »

Comme on apprit le succès de la 1re division à Kursomb,
on chercha seulement à amuser l'ennemi, jusqu'à ce que le
passage complètement opéré sur ce point on pût le prendre
en flanc.

L'ennemi tourné, commença sa retraite. La 2e division
(Heudelet) opéra son passage. Le corps d'armée poursuivit
l'ennemi sur la route de Novomiasto, mais la nuit l'obligea à
prendre position.

Extrait d'un rapport du maréchal Augereau sur les opérations du 7ᵉ corps (1).

Rapport du général d'artillerie au maréchal Augereau.

« Au passage de la Wkra, l'artillerie de la 2ᵉ division,
« commandée par le chef de bataillon Dardennes, se porta
« vivement sur la rive pour forcer l'ennemi à abandonner sa
« position, elle essuya un feu très vif.

« Le détachement de la 2ᵉ compagnie du 6ᵉ régiment
« d'artillerie à cheval qui donna dans cette occasion avec sa
« bravoure ordinaire, perdit son premier lieutenant, M. Amou-
« dru et eut un sous-officier et trois canonniers blessés
« grièvement.

« Pièces prises sur l'ennemi, 14. On parle de 30 bou-
« ches à feu abandonnées par l'ennemi dans sa retraite.
« Cette artillerie n'a pu être reconnue par les officiers
« du 7ᵉ corps qui se sont portés à une lieue et demie en
« avant du champ de bataille ; mais il est hors de doute
« que sa prise ne soit due aux mouvements hardis de cette
« armée, et à la bravoure de ses troupes. »

« A Boudkowo, 30 décembre 1806, »

AL. SENARMONT.

« Le 25 la 1ʳᵉ division a marché sur Gutkowo où elle
prit position, et la 2ᵉ en avant de Galoczizna, village déjà
enlevé par les chasseurs et les mamelucks de la garde impériale. »

(1) Même recueil, même volume.

Bataille de Golymin.

« Le 26 décembre. L'avant-garde (général Durosnel) reçut l'ordre de se porter à Pomorz, pour couper la route.
Elle y trouva les Russes en force et en marche sur Golymin.
Le général Durosnel les inquiéta par des tirailleurs, le terrain
était trop fangeux pour permettre de tenter un coup d'audace ; il prit à l'arrière-garde quatre pièces de canon, des
caissons et des bagages laissés dans la boue.

« Le général Durosnel se dirigea ensuite sur Golymin,
fit une tentative sur l'ennemi qui l'occupait encore, et vers
les dix heures du soir, cette brigade se rallia à Wotkowo.

« Les deux divisions réunies à Galoczyzna à neuf heures
du matin, avaient reçu l'ordre de marcher sur Golymin ; en
arrivant à Ruskowo le général Desjardins reconnut l'ennemi;
le maréchal Augereau ordonna à la 2ᵉ brigade de s'arrêter
dans la plaine afin de ne pas être débordé; la 1ʳᵉ marcha sur
Golymin.

« La 2ᵉ division marcha sur Wotkowo, et la 1ʳᵉ brigade
s'en empara. Le maréchal Augereau dirigea la 2ᵉ brigade
entre Wotkowo et Golymin. Elle reçut, formée en carré,
une charge de cavalerie qu'elle dissipa par son feu et sa
bonne contenance.

« Pendant ce temps, la 1ʳᵉ division marcha sur l'ennemi
pour enlever quelques pièces de canon qui gênaient ses mouvements, mais la mitraille de l'ennemi et un marais imprati-
cable l'obligèrent à rétrograder.

« La nuit arrivant, il n'y avait d'autre parti à prendre
que de se retirer ; le général Desjardins recula de deux cents

pas, et la brigade resta en position, formée en carré, en avant du village incendié, entre Roskowo et Golymin. Le maréchal Augereau avait envoyé au général Heudelet l'ordre de se diriger avec sa 2e brigade sur le feu de ce village. L'utilité de conserver la formation en carré se fit bientôt sentir; car elle fut en un moment entourée de Cosaques et de hussards. L'obscurité et la crainte de faire feu sur les nôtres, fit défendre à l'infanterie de tirer. Le général Lapisse ayant poursuivi deux compagnies à Golymin, fut instruit que le village était évacué, et fit avancer deux bataillons du 16e régiment pour couvrir cette position.

« Le passage d'une forte colonne ennemie qui faisait retraite, et fit à quarante pas un feu à mitraille sur le 16e régiment, l'obligea à se replier derrière Golymin; l'obscurité était telle qu'un bataillon du 14e régiment, laissé en réserve, ne put faire feu de crainte de tuer les nôtres. Toute la brigade réunie bivouaqua derrière Golymin. »

Le quartier-général fut établi au village incendié, entre Roskowo et Golymin, et le parc d'artillerie de réserve à Gobelzyzma.

Extrait d'un rapport du maréchal Augereau sur les opérations du 7e corps (1).

Rapport du général de brigade d'artillerie sur l'affaire du 26.

« Au commencement de l'action, deux des pièces de 8 et « l'obusier, commandés par le capitaine Chopin, purent seu-

_____

(1) **Même recueil, même volume.**

« lement être mis en batterie, le reste étant engagé dans
« les chemins affreux qui conduisaient au champ de bataille.
« Les pièces de 4, servies par l'artillerie à pied, arrivèrent à
« la fin dans les deux divisions Desjardins et Heudelet.

« Le capitaine Chopin prit position en avant de Kuskowo
« avec deux pièces de 8, laissant un obusier sur sa gauche,
« et se conduisit fort habilement en dérobant son infériorité
« à l'ennemi. Il plaça ses bouches à feu en arrière d'un
« rideau que formait la faible inégalité du terrain, et ne tira
« que lorsqu'il put le faire avec avantage.

« L'obscurité ayant caché les mouvements que l'armée et
« l'ennemi ont faits, on ne peut rendre compte de ceux de
« l'artillerie. »

« A Boudkowo, 30 septembre 1806. »

AL. SENARMONT.

« Le 28, le corps d'armée s'est réuni à Golymin et a pris
position.

« Le 29, il a pris des cantonnements sur les deux rives de
la Wkra, l'artillerie à Nowomiœsto, et parvint à s'y rallier
malgré tous les obstacles et avec des peines infinies.

« *On n'a rien perdu dans ces marches affreuses, où
les chemins étaient semés de débris, et c'est au dévoûment des soldats de cette arme qu'on le doit.*

« Dix-sept bouches à feu russes, prises sur l'ennemi, ont
été réunies au parc de réserve du corps d'armée. Trente-quatre
caissons ou voitures ne pouvant être amenés ont été dé-
truits. »

A son Frère. — *Brodkowo, village au nord de Warsovie, premier janvier 1807.*

« Jamais campagne n'a été si dure et jamais les excès si
« affreux et si peu motivés, s'il peut y en avoir. Je suis las,
« archi-las de ce métier, qui n'a plus rien d'honorable sous
« quelque point de vue qu'on veuille l'envisager. Je dois cette
« justice au maréchal Augereau, qu'il a maintenu son corps
« d'armée dans la meilleure discipline, relativement aux au-
« tres; et que lui-même a donné l'exemple d'une intégrité
« et d'un désintéressement dont il n'a pas la réputation ;
« mais il n'a pu empêcher que le besoin et l'exemple ne per-
« dissent son corps d'armée. »

Bataille d'Eylau.

A la bataille d'Eylau, Senarmont, par sa fermeté, prit
une grande part à la victoire. Nous donnons le rapport du
maréchal Augereau. Celui du général de l'artillerie et du
premier inspecteur-général de cette arme, les récompenses
accordées par l'Empereur au général Senarmont remplace-
ront, comme justice rendue à l'artillerie et à son chef, ce
que laisserait peut-être à désirer le rapport du commandant du 7ᵉ corps, qui d'ailleurs, ne tarda pas à être dissous.

*Extrait d'un rapport du maréchal Augereau sur les
opérations du 7ᵉ corps* (1).

« 3 janvier 1807. Le corps d'armée tout entier s'est porté

(1) Même recueil, même volume.

sur la rive gauche de la Wkra. Le quartier-général établi à Plousk, et le parc de réserve à Skarzino.

« Du 30 janvier au 7 février, le corps d'armée se porte en avant. Le parc d'artillerie de réserve reçut l'ordre de se mettre en marche afin de suivre le corps d'armée en se dirigeant sur Landsberg.

« Dans la nuit du 7 au 8, le corps d'armée prit position à une demi-lieue en arrière d'Eylau, occupant les deux villages les plus rapprochés de cette ville, sur la gauche de la route.

« Il s'est mis en mouvement dès la pointe du jour pour se rapprocher d'Eylau ; arrivé à 400 mètres de la Chapelle, il se forma en colonne par brigades, celle de gauche faisant face à la Chapelle.

« Vers 8 heures, M. le maréchal reçut ordre de porter le corps d'armée, en avant, à la hauteur et sur la droite de la Chapelle.

« Une demi-heure après un aide-de-camp de S. M. apporta l'ordre de porter le corps d'armée en avant de la ville, et de le faire déployer pour profiter d'un mouvement que l'ennemi faisait sur sa droite.

« Pour effectuer ce mouvement le corps d'armée se forma en deux colonnes serrées par division afin de déboucher (le terrain ne permettait pas de présenter un front plus étendu). Arrivées à environ 800 mètres de la ville les premières brigades de chaque division se déployèrent et les secondes formèrent le carré derrière les premières.

« Ce mouvement s'est effectué sous la mitraille d'un grand nombre de bouches à feu que l'ennemi avait réunies sur son centre.

« Aussitôt après l'infanterie ennemie s'avança, et on en

était aux prises avec elle lorsque la cavalerie russe fondit avec impétuosité sur notre ligne, et nous força à la retraite. Elle s'exécuta avec rapidité, et les deux divisions se rallièrent et prirent position adossées à la ville.

« L'artillerie des divisions était restée en position à peu de distance de la Chapelle ; un obstacle l'ayant empêchée d'exécuter l'ordre qu'elle avait reçu de se porter en avant, et de se placer sur les flancs et dans les intervalles des colonnes.

«M. le maréchal Augereau ayant été blessé s'est retiré vers deux heures après midi. M. le général de division Compans fut appelé pour prendre le commandement du corps d'armée.

« Le corps d'armée passa le reste de la journée dans cette position, toujours en présence de l'ennemi, et y bivouaqua dans la nuit du 8 au 9. Dans cette journée il eut 929 morts et 4271 blessés. »

Rapport du général de brigade Senarmont sur les opérations du 7ᵉ corps à la bataille d'Eylau (1).

Au général Songis, premier inspecteur-général.

Lettre.

« Je vous prie de vouloir bien faire valoir près de Sa
« Majesté les services que l'arme de l'artillerie a rendus
« dans le combat meurtrier d'Eylau, et d'appuyer ma
« demande...... »

(1) Archives de l'artillerie, 5516. 7ᵉ corps.

Rapport.

« Le 29 janvier 1807, le 7ᵉ corps de la grande
« armée, en conséquence des ordres de M. le maréchal
« Augereau, quitta les cantonnements qu'il occupait
« entre la Narew, la Vistule et les limites du cercle de
« Plock, pour se mettre en mouvement...... Le 7 février,
« le corps d'armée marcha sur Eylau, et occupa une position
« en arrière de cette ville : l'artillerie des deux divisions
« marcha réunie à la suite.

« Le 8, vers huit heures du matin, le corps d'armée
« formé un peu en masse, par bataillons, dans chaque di-
« vision, et sur le front d'une division d'infanterie, fut porté,
« d'après les ordres de S. M., par M. le maréchal Augereau,
« près et à droite de la ville d'Eylau, en arrière d'un rideau
« que le chemin de Bartenstein canonne.

« Je donnai à toute l'artillerie sous mes ordres la dispo-
« sition suivante : 4 pièces de 8 et 1 obusier servis par la
« compagnie du capitaine Chopin, se formèrent en batterie
« à droite de la maison brûlée et de la ferme, qui se trouvent
« en cet endroit, en occupant le revers d'une hauteur assez
« élevée. Sur la gauche de cette batterie, je plaçai 2 pièces
« de 8, commandées par le capitaine Grosjean, et je ren-
« forçai de plus cette batterie par 2 pièces de 8, 2 de 4,
« et 1 obusier. La batterie se trouva donc alors composée
« de 12 bouches à feu, total de l'artillerie de la première
« division. Elle était commandée sous mes ordres par le chef
« de bataillon Dubois.

« Cette batterie se trouvant le point de mire de toutes
« celles de l'ennemi, répandu sur un arc immense, était

« infiniment maltraitée. En un instant le capitaine Benoit
« fut frappé d'un boulet-mort. Son deuxième lieutenant,
« Vacquin, jeune homme de la plus belle espérance, eut
« le bras droit emporté. Le lieutenant Goujon fut griève-
« vement blessé. L'infanterie, cachée derrière le rideau,
» souffrait extrêmement de la chute des mobiles qui n'attei-
« gnaient pas les batteries.

« Toutes ces circonstances réunies me déterminèrent à
« proposer à M. le maréchal Augereau de me porter rapi-
« dement sur un plateau un peu inférieur en hauteur, et
« qui se trouvait à 200 toises (400 mètres) en avant de l'en-
« nemi. L'infanterie, qui avait ordre d'attaquer, devait
« suivre ce mouvement. M. le Maréchal ayant approuvé ma
« proposition, je l'exécutai avec toute la célérité que je pus
« y mettre, et j'envoyai ordre à l'artillerie de la 2ᵉ divi-
« sion de venir me remplacer momentanément dans la po-
« sition que je quittais, pour ensuite se mettre en ligne
« avec moi, *sûr d'écraser l'ennemi par une réunion de*
« *feux aussi formidable que celle de* 19 *bouches à*
« *feu* (1).

« La charge de l'infanterie ayant été malheureuse, elle
« fut poursuivie dans sa retraite par une immense cavalerie,
« qui y mit le désordre. La batterie, près d'être enveloppée,
« fut obligée d'exécuter un mouvement rétrograde de quel-
« ques pas; *ce qui eut lieu sans désordre.* Les canonniers
« des dernières pièces se trouvèrent engagés avec les hus-
« sards ennemis, et en tuèrent quelques-uns.

(1)Nous le voyons dans ce rapport, imbu des grands principes de l'art de la
guerre, préoccupé de concentrer son artillerie, pour en obtenir les effets formidables, dont il va faire un si heureux usage à Friedland.

« Le combat se rétablit de suite, et nous reprîmes la po-
« sition du plateau, que nous gardâmes deux heures après
« la nuit close.

« Je dois dire, à la louange de l'artillerie, que dans cette
« action, une des plus meurtrières qu'on ait vues, les plus
« jeunes officiers, canonniers et soldats du train, ont montré
« un sang-froid et un courage que n'ont pas toujours d'an-
« ciens guerriers. »

« Quartier général d'Albrechtsdorf, 12 février 1807. »

A son Frère. — *Schlobitten, près Pruss-Holland, 21 février 1807.*

« Oui, cher frère, très certainement la Providence veillait
« sur moi à Pruss—Eylau, où j'ai porté mon artillerie à 250
« toises (500 mètres) en avant de ma première position
« avec la ferme conviction que j'allais être tué, et je vous di-
« sais à tous mentalement un éternel et tendre adieu. En-
« fin, je n'ai pas été touché : Dieu en soit loué ! »

*Rapport du général Songis, premier inspecteur-général
de l'artillerie, à l'Empereur, 16 février 1807 (1).*

« Dans toutes les affaires qui ont eu lieu depuis la reprise
des hostilités, à la bataille d'Eylau surtout, l'artillerie a servi
avec la plus grande distinction ; ses pertes considérables at-
testent sa bravoure et son intrépidité. L'aspect du champ
de bataille prouve combien son feu a été meurtrier, et qu'il a

(1) Archives de l'artillerie, 5516.

été dirigé avec cette précision et ce sang-froid qui n'appartiennent qu'au vrai courage.

« 7ᵉ Corps. — Aux affaires du 26 (passage de la Wkra,) et 24 octobre (bataille de Golymin), cette artillerie donna avec sa bravoure ordinaire ; elle eut à résister à un feu bien supérieur au sien, et à vaincre des obstacles de terrain presque insurmontables.

« A Eylau, officiers, sous-officiers et soldats se sont couverts de gloire ; exposés à un feu des plus vifs et des plus meurtriers, ils ont montré un sang-froid et un courage à toute épreuve. Votre Majesté ne verra pas sans plaisir que, dans cette affaire, *l'artillerie a occupé invariablement ses positions, sans qu'on puisse reprocher à aucun canonnier ni soldat d'avoir fléchi un seul moment.* » (1)

« Je ne puis faire à Votre Majesté trop d'éloges du général de brigade Senarmont, dont les talents et les services sont connus ; je demande pour lui le grade de commandant de la Légion-d'Honneur. »

Le 3 mars suivant, Senarmont reçut cette récompense si bien méritée.

A SA BELLE-SŒUR. — *Schlobitten,* 12 mars 1807.

« Ma femme vous dira comment j'ai été nommé com-
« mandant de la légion d'honneur, et mon aide-de-camp

---

(1) C'est cette fermeté déployée par l'artillerie, au milieu des désastres du 7ᵉ corps, qui fit adresser par l'Empereur au premier inspecteur-général, ce mot resté dans la mémoire de tous les artilleurs : *A la bonne heure, j'aime votre corps, il n'y a pas de canaille !!!*

« (Auguste Evain) chevalier (1), et je puis dire que nous
« ne l'avons pas volé. »

Extrait d'un rapport du maréchal Augereau. (2)

« Le 9, le corps d'armée occupa Faistadt, en arrière
d'Eylau ; le quartier-général à Eylau. Le parc d'artillerie de
réserve y est arrivé le même jour.

« Le 14, le quartier-général a été établi à Barteinstein ;
le parc d'artillerie à Bartelsdorf.

« Le 16 à Heilsberg.

« Le 19 à Schwenkitten et le parc d'artillerie de réserve
à Dittersdorf,

« Le 21 février 1807, l'Empereur ayant jugé convenable
de dissoudre le 7ᵉ corps d'armée, il fut réparti dans le 1ᵉʳ,
le 3ᵉ, le 4ᵉ, et le 10ᵉ corps.

« Le surplus de l'artillerie, qui n'y fut pas envoyé, fut
réuni au parc de réserve qui s'est mis en marche le même
jour pour rejoindre le grand parc de l'armée. »

Le général Senarmont, nommé au commandement de
l'artillerie du 1ᵉʳ corps, le rejoignit le 28 février 1807 dans
les cantonnements de la Passarge. Le 1ᵉʳ corps couvrait les
sièges de Dantzick et de Graudentz (3).

(1) Colonel d'artillerie en retraite, maire de Douay (1844.)

(2) Recueil et vol. déjà cités.

(3) Précis sur les opérations du premier corps pendant les campagnes 1806
et 1807, signé Victor maréchal d'Empire. Dépôt de la guerre. Campagnes
de la grande armée. T. XI des pièces officielles.

Composition de son artillerie, le 5 juin 1807.

Pièces de. .	12	6	4	obusiers.
Division Dupont,	2	8	»	2
Division Lapisse	»	6	2	2
Division Vilatte,	»	6	2	2
Artillerie de réserve,	2	2	»	2
	4	22	4	8

Nous allons laisser un officier de l'artillerie du 1er corps (1) nous raconter l'impression que produisit le général Senarmont.

« Nous ne tardâmes pas à nous apercevoir de quelle manière nous étions commandés, aux visites multipliées faites par le général dans les cantonnements, et aux fréquentes communications qu'il établit avec nous, par une hospitalité à la fois noble, simple et cordiale.

« Dans ces réunions, grâce à la direction donnée par le général, la conversation était grave, attachante par le fond comme par la forme, parce qu'il savait merveilleusement élever tout le monde jusqu'à lui, dans la région des hautes pensées et des nobles sentiments.

« Ces conversations avaient pour but surtout les améliorations, les progrès de l'arme; il était fortement opposé à l'éparpillement de l'artillerie, et voulait que celle-ci, en conformité des grands principes stratégiques, mis en pratique par les grands capitaines du 18e siècle, fût réunie rapidement en masse sur le point de l'attaque ou de la défense.

(1) Le colonel Brechtel, commandant le château de Versailles (1845). Alors lieutenant d'artillerie à cheval et attaché au premier corps d'armée; présent aux batailles de Friedland, Talavera, Almonacid, et amputé d'un pied à Ocana.

« Comme le général ne tarda pas à s'apercevoir, que non seulement dans les batteries des différents régiments, mais encore dans celles d'un même corps, les commandements et moyens d'exécution différaient en quelque sorte pour chaque batterie, le général introduisit pour l'artillerie du 1er corps, un règlement reproduit de celui qu'il avait fait pour le 6e régiment; et dont celui adopté plus tard pour l'artillerie de la garde impériale a dû être une imitation ou la reproduction fortuite. Toujours est-il que de cette utile et prévoyante préparation, adoptée dans les cantonnements, il résulta pour l'artillerie du 1er corps, cette unité de manœuvres parmi ses différents éléments, dont le général sut faire une si brillante et si mémorable application à la bataille de Friedland. On sait que ce mouvement parut si hardi au général Victor, commandant en chef le 1er corps, qu'il envoya son aide-de-camp, le capitaine Francis Duverger, faire des représentations au général Senarmont, et que celui-ci répondit à l'aide-de-camp: « *Dites au général en chef de me permettre de faire mon métier, afin qu'il puisse bien faire le sien.* »

« En tout ce qui pouvait toucher à l'honneur et à la délicatesse, le général était de la plus inflexible et de la plus rigide austérité.

« On s'entretenait un jour à sa table de l'étrange mariage contracté par un jeune, bel et brave officier d'artillerie, avec une riche veuve prussienne, ayant le double de son âge, d'une laideur repoussante, et notoirement adonnée à la boisson. « *C'est une cupide prostitution à l'intérêt,* s'écria « le général, *quels que soient ses faits d'armes, celui* « *qui s'en est flétri ne sera jamais mon candidat pour* « *la Légion-d'honneur. La devise de la décoration im-*

« *pose d'être toujours fidèle à la patrie et à l'honneur,*
« *dans toutes les situations de la vie : l'honneur ne*
« *peut se scinder.* »

A son Frère. — Schlobitten, 21 mars.

« Ce ne sont pas les chances et les peines de cette
« guerre qui me la rendent désagréable, *c'est le peu de*
« *fruit que la France en recueillera,* même en la sup-
« posant la plus heureuse possible. Au surplus, nous n'y
« pouvons rien, et nous devons nous laisser entraîner au
« torrent, puisque ma position le commande. »

Malgré son admiration pour le génie de l'Empereur, *il se
laissait peu entraîner au torrent;* et, au milieu de l'enthousiasme général, il ne le confondit jamais dans son culte pour
la France.

A son Frère. — Schlobitten, 7 juin 1807.

« La campagne va se rouvrir, et je crois que le 9 ou le
« 10 nous serons en mouvement. Dans une affaire assez
« légère que nous avons eue avant-hier (5 juin), le maré-
« chal Bernadotte a été blessé, mais légèrement. »

Le général Victor (depuis maréchal duc de Bellune)
remplaça le maréchal Bernadotte dans le commandement du
premier corps de la grande armée.

Combat de Spandew, 9 Juin.

« Le général de Senarmont dirigea lui-même l'artillerie, qui a contribué puissamment au succès de ce combat,

et il est demeuré pendant toute l'action sous le feu de l'ennemi. » (1)

Bataille de Friedland, 14 Juin 1807.

L'armée russe placée sur la rive droite de l'Alle, cherchait à dérober son passage, pour faire à Kœnigsberg sa jonction avec les troupes prussiennes; et le général Bennigsen, commandant de l'armée russe, avait déjà pris position sur la rive gauche en avant de Friedland.

Dès le matin, le corps d'armée de Lannes, trop inférieur en nombre, soutenait contre cette avant-garde un combat inégal, se bornant, par des manœuvres habiles, à contenir l'ennemi pour l'empêcher de filer sur Kœnigsberg, et pour donner aux autres corps de l'armée française le temps d'arriver sur le champ de bataille.

La ligne des Russes coupée par un ravin profond, formait un arc dont les deux extrémités s'appuyaient à l'Alle; dès que Napoléon fut arrivé, il résolut de profiter de cette mauvaise disposition.

Le maréchal Ney, qui commandait l'aile droite, reçut l'ordre de refouler l'aile gauche des Russes dans Friedland, et, après avoir emporté la ville, de se porter sur l'aile droite qui avait en tête Lannes et Mortier.

Cette manœuvre s'exécute. Mais dans ce mouvement de conversion, les troupes françaises se trouvent bientôt exposées au feu des batteries russes établies de l'autre côté de la rivière. Ces batteries les prenaient en écharpe; plusieurs se

Précis sur les opérations du 1er corps pendant les campagnes de 1807 -09 signé, Victor maréchal de l'Empire. Déjà cité.

trouvaient dans une position très rapprochée ; une entre autres, établie sur un mamelon avancé enveloppé par un détour de l'Alle, causait d'affreux ravages.

Un flottement général d'hésitation annonçait que sous
ces feux meurtriers le courage des soldats commençait à
s'ébranler. Napoléon détache la division Dupont au secours
du 6ᵉ corps ; déjà il était tard, car le désordre s'était mis dans
la ligne de Ney. Bientôt la garde Imperiale russe débou-
chant avec impétuosité du ravin où elle était en embuscade,
entrait en lute. Le désordre de l'infanterie française parve-
nait à son comble ; Bagration gagnait du terrain dans la
trouée produite par son artillerie. La situation devenait
critique.

Pendant ce désastre la batterie de la division Dupont
commandée par le capitaine Ricci (1) se mettait en batterie ;
et protégeait par ses décharges les carrés formés par plusieurs
régiments aux deux extrémités de la ligne de Ney. Il était
temps qu'elle ouvrît son feu, car au moment où elle tirait
les premiers coups quelques cavaliers russes étaient déjà au
milieu des canonniers. Le général Senarmont s'était porté
au milieu des pièces, « *à merveille* dit-il en remarquant
l'adresse et le calme intrépide des canonniers, *c'est manœuvrer comme au polygone.* » — « *Oui, mon général,* répond
le capitaine Ricci, *mais voyez combien de pièces les Russes ont à la droite et vis-à-vis de nous.* » — « *Tenez bon,
vous allez avoir du renfort.* » Son parti est pris sur-le-
champ, il court à son corps d'armée ; du consentement de
Victor, mais malgré les réclamations des généraux de division, il en réunit toute l'artillerie composée de 36 bou-

(1) Depuis maréchal-de-camp.

ches à feu sous son commandement, et débouche de toute la vitesse des chevaux sur le revers opposé du mamelon qui abrite trois divisions du 1er corps. L'artillerie se met en batterie à 400 mètres de l'ennemi ; après cinq ou six salves, elle s'en approche à 200 mètres, et commence un feu roulant des plus vifs. Les Russes surpris de cette réunion subite ripostent en vain avec les batteries partielles dispersées sur toute leur ligne ; quelques minutes suffisaient pour faire converger sur un seul point un déluge de mitraille. Les batteries de la rive droite de l'Alle, celles de la rive opposée de l'étang furent ainsi successivement écrasées ; la batterie entre autres qui depuis le commencement de l'action, avait fait dans nos rangs de si cruels ravages, eut en un moment ses chevaux tués et ses affûts brisés. On commença alors à plonger au milieu des troupes russes qui s'amassaient vers le défilé en avant de Friedland : la destruction était affreuse.

Napoléon avait suivi attentivement toutes les phases de ce furieux combat ; il s'était porté près du 1er corps. Craignant que Senarmont se compromît, il envoya son aide-de-camp Mouton reconnaître pourquoi il s'avançait aussi loin. « *Laissez-moi faire avec mes canonniers*, répondit le général emporté par son ardeur, *je réponds de tout.* » Quand Mouton revint, Napoléon avait déjà jugé de l'effet de la batterie et dit en souriant : « *ces artilleurs sont de mauvaises têtes, laissons les faire.* »

Bagration obligé de faire un mouvement rétrograde replia ses troupes entre l'Alle et le ravin ; il ne pouvait être tourné, mais son front réduit devenait moins dangereux et ses masses plus profondes rendaient nos coups plus meurtriers. Senarmont s'avance audacieusement à 120 mètres des Russes.

Leurs pièces étaient en nombre égal aux nôtres, et plusieurs nous prenaient d'écharpe. Senarmont ordonne de ne pas s'en occuper et de ne tirer que sur les masses et à mitraille. Les masses écrasées par ce feu terrible étaient ramplacées par d'autres, qui venaient subir le même sort avec un courage héroïque. Enfin la cavalerie de Bagration s'ébranle pour charger la batterie ; aussitôt Senarmont fait faire un changement de front à ses pièces, et la cavalerie balayée par deux décharges à mitraille disparut (1).

A partir de ce moment la bataille était gagnée.

« On voit que le succès de cette bataille fut dû au beau fait d'armes du général Senarmont; l'artillerie n'en saurait citer un plus glorieux. Trente-six pièces de canons firent ce que les vingt mille hommes de Ney et la division Dupont n'avaient pu faire, et ce que les trois divisions de réserve de Victor n'auraient peut-être pas fait. Quand on voit avec quel courage les Russes de l'aile droite formés en masses résistèrent à l'armée victorieuse, lorsque la retraite leur fut coupée, on peut penser que la victoire était peut-être impossible à toute autre arme que l'artillerie ; mais le général Senarmont se porte seul en avant des troupes et obtient le plus brillant succès.

« C'est la première fois que nous voyons l'artillerie combattre d'une manière aussi indépendante des autres armes. Ici elle se suffit à elle-même ; mais si la conception du gé-

---

(1) Récit emprunté *textuellement* aux relations de Mathieu Dumas, Jomiy, Abel Hugo, Derode, et surtout à deux mémoires sur l'artillerie de MM. Bach et Favé : Nᵒ VI du Mémorial de l'artillerie.

néral Senarmont est belle, c'est l'exécution surtout qu'il faut admirer. Courage, coup d'œil, rapidité, sang-froid, il déploie toutes les qualités » (1).

« D'après toutes les informations que nous avons recueillies, il paraît que cet illustre général fit proposer à l'Empereur d'employer ainsi l'artillerie au moment le plus critique de la journée. Napoléon n'ignorait pas que c'est par la concentration des feux, que cette arme peut produire de grands effets, mais il ne s'attendait pas à un résultat aussi décisif; et en voyant la batterie de trente pièces de la réserve se porter de 400 à 200 mètres, il la crut un instant compromise. Le tir à mitraille de cette batterie à la distance de 120 mètres, le changement de front qu'elle exécuta pour repousser la cavalerie russe, durent fixer définitivement les idée de ce grand capitaine sur les progrès de la tactique de l'artillerie. Nous verrons en effet Napoléon employer, après la victoire de Friedland des masses d'artillerie plus considérables que dans les campagnes précédentes, et frapper le coup décisif dans presque toutes les grandes bataille en lançant sur le point principal de la ligne ennemie une immense quantité de bouches à feu ». (2).

(1) Favé, Histoire de tactique des trois armes et plus particulièrement de l'artillerie de campagne.

(2) N° VI du Mémorial de l'artillerie. Mémoire sur l'artillerie de campagne par M. le capitaine Bach.

Rapport sur les mouvements de l'artillerie pendant la bataille de Friedland 14 juin 1807, par le général Senarmont commandant l'artillerie du Ier corps (1).

« M. le général Victor, commandant en chef le 1er
« corps, a laissé, pendant toute cette affaire, le général
« commandant l'artillerie dudit corps, maître de diriger les
« mouvements de cette arme, après lui avoir communiqué
« ses intentions. En conséquence, celui-ci jugea convenable
« de diviser toute l'artillerie du premier corps, à l'exception
« de 6 bouches à feu de réserve, en 2 grandes batteries,
« composées ainsi qu'il suit :

« Batterie, la 1re en position dite de gauche.

Calibre.	Nombre des pièces.		
6	10	Cap. Legay. Lieut. Aubert.	La batterie supérieurement commandée par le major Raulot.
4	2		
obusiers.	3	Cap. Michel. Lieut. Gibon Bourgeois.	
	15		
		Lieut. Hervilly.	

« 2e et 6e du 1er régiment d'artillerie à pied, la moitié
de la 1re compagnie du 2e régiment d'artillerie à cheval, et
la moitié de la 2e compagnie du 3e régiment d'artillerie à
cheval. »

(1) Complété sur des passages (entre simples guillemets) extraits du précis des opérations du premier corps.

« *Batterie, la* 2ᵉ *en position dite de droite.*

Calibre	Nombre des pièces.		
6	10	Cap. Ricci.	Commandée en chef par le colonel Forno, sous lui le chef de bataillon Bernard. Après la mort du premier et la blessure du second, par le capitaine Ricci et par le général.
4		Lieut. Marcillac.	
Obusiers			
	15	Lieut. Houdart.	

« 6ᵉ compagnie du 1ᵉʳ régiment d'artillerie à pied, la moitié de la 1ʳᵉ compagnie du 2ᵉ régiment d'artillerie à cheval, et la moitié de la 2ᵉ compagnie du 3ᵉ d'artillerie à cheval. »

« Le corps d'armée occupait sur quatre lignes l'intervalle
« entre le ravin, et sur la gauche du village de Posthenen,
« et le bois de Sortlack. La batterie de gauche fut portée en
« avant de Posthenen, ayant pour objet de flanquer la gau-
« che du corps d'armée, par des feux croisés sur le front,
« avec ceux de la batterie de droite, et de détruire, si pos-
« sible était, les batteries de l'ennemi, et surtout ses masses
« sur ce point. La batterie de droite établie d'abord en avant
« du bois de Sortlack, gagna, pendant l'action, l'extrême
« droite du 6ᵉ corps, jusque vis-à-vis et à demi-portée du
« canon de Friedland. »

« Le général plaça la réserve de 6 pièces d'artillerie en arrière du village de Posthenen.

« L'artillerie, ainsi disposée, se porte rapidement pour première position, à 200 toises (400 mètres) de l'ennemi, et après cinq à six salves, s'en approcha à 100 toises (200 mètres), et commença un feu roulant qui fut poussé avec la dernière vivacité. »

« Le général d'artillerie se transporta, pendant l'action,
« d'une batterie à l'autre, en dirigeant leurs mouvements,
« et les commandant en personne, lors des blessures et de
« l'absence de leurs chefs.

« L'artillerie arrivée à 150 toises (300 mètres) de l'en-
« nemi, y fit une ou deux décharges, après quoi les pièces,
« jusque vers la fin du combat, se tinrent constamment à
« 100 toises (200 mètres) et à 60 toises (120 mètres), et ne
« tirèrent plus qu'à mitraille, jusqu'à ce que l'ennemi eût
« effectué sa retraite, après une perte immense d'hommes.
« Le jour tombant, les pièces restèrent en position sur le
« bord du ravin de gauche, et près de la ville, après quoi
« elles rentrèrent au parc. »

« Le général d'artillerie s'apercevant de l'effet terrible
qu'elle produisait, et voulant déterminer la retraite de l'ennemi, donna l'ordre de ne plus tirer sur les pièces ennemies,
égales en nombre aux nôtres, et dont quelques-unes prenaient d'écharpe. Il fit avancer jusqu'à 60 toises (120 mètres)
du front russe, les deux batteries qui s'étaient rapprochées
au point de n'en plus former qu'une seule, et depuis ce moment on ne tira plus qu'à mitraille.

« Les masses s'éclaircissaient et se remplaçaient. Enfin,
ne pouvant plus résister, la cavalerie ennemie s'ébranla pour
charger la batterie. Aussitôt le général d'artillerie lui fit
changer de front, et par cette manœuvre, dirigea son feu
entier sur cette cavalerie, qui disparut après avoir reçu deux
décharges.

« Au moment où la cavalerie ennemie se disposait à
charger les pièces, le général en chef fit avancer, pour la soutenir, un bataillon.

« Le général russe voulait se maintenir dans l'avantage qu'il avait obtenu sur une division du 6e corps (Ney);
la division Dupont s'avança soutenue de la brigade de cavalerie légère Durosnel, et bientôt l'ennemi fut culbuté et jeté,
partie dans la rivière, partie sur Friedland, où il fut poursuivi.

« Cette division avait été appuyée dans son mouvement
par 5 bouches à feu détachées de la batterie de droite, et
que le colonel Forno avait voulu diriger lui-même. Ce fut
à la fin de l'action que ce brave officier termina sa carrière
par une mort glorieuse. Il fut emporté par un boulet.

« Le chef de bataillon Bernard et les lieutenants Houdart
et Marcillac furent blessés. Le général de Senarmont eut son
cheval tué sous lui. »

« La manière distinguée dont l'artillerie a servi, est
« prouvée par ses pertes, par les éloges flatteurs dont
« S. M. a comblé son chef (1), et par les témoignages de sa-
« tisfaction du général en chef Victor, et d'estime de tous
« les officiers témoins du combat.

« Éloge du colonel Forno, tué; du major Raulot, qui a
« servi avec distinction pendant la campagne, malgré un
« rhumatisme qui le pliait en deux ; du chef de bataillon
« Bernard, du capitaine Baudry, injustement oublié dans les
« promotions précédentes.

« Le capitaine Ricci, le lieutenant Le Bouvier, se sont
« parfaitement conduits dans les affaires précédentes, et ont

---

(1) L'Empereur lui apressa en public ces paroles mémorables : *Senarmont,
vous avez fait mon succès.*

« montré hier tant de courage, de sang-froid et d'intelli-
« gence, que je dois les proposer pour la croix.

   « Éloge le plus flatteur du lieutenant Etchegoyen. Les
« officiers de mon état-major méritent aussi la mention la
« plus honorable.

Officiers,		Canonniers,		Chevaux.
tués,	blessés.	tués,	blessés,	tués.
1	3	10	42	53.

   « le général d'artillerie a eu un cheval tué, ainsi que le
« chef de bataillon Bernard, et les lieutenants Le Bouvier
« et Houdart.

   « Cartouches employées 2516 dont 362 à balles.

   « Champ de bataille de Friedland, 15 juin 1807. » (1)

   « Le général en chef s'est plu à payer à chacun le tribut
d'éloges qui lui était dû.

   « Officiers-généraux, officiers et soldats du 1er corps
d'armée, tous ont fait leur devoir. Il se loue particulièrement du général d'artillerie Senarmont qui a rendu les plus
grands services.....

   « Le 16 l'artillerie et le génie du premier corps construi-
sirent le pont de bateaux de Sanditten (sur la Prégel près
de Wehlau), sous les yeux de Sa Majesté.

   « Le 18, à la hauteur de Wannanglancken, l'ennemi ayant
montré un corps de cavalerie de huit à dix mille hommes, le
général en chef fit occuper la tête d'un bois qui couvrait le
flanc gauche, et un bataillon en masse couvrit le flanc droit

(1) Archives de l'artillerie 5516.

en se portant à la hauteur de Wannanglanken ; le général
d'artillerie reçut l'ordre de placer des pièces en batterie, et
quelques coups de canon, ayant décidé la retraite de l'ennemi, le corps prit position.

« Le 19, le corps d'armée se mit en mouvement pour Tilsitt, le général en chef Victor reçut l'ordre d'aller occuper
les positions sur le Memel à la gauche de Tilsit.

« Le premier corps d'armée occupait cette position, lorsque l'armistice de Tilsitt termina cette glorieuse campagne, huit jours après son ouverture. »

                                        Maréchal VICTOR.

A SON FRÈRE. — *Tilsitt* 26 *juin* 1807.

« Le 8ᵉ corps (Mortier), le 6ᵉ (Ney), les grenadiers
« réunis (Oudinot) commencèrent l'attaque le 14 juin à
« 8 heures et le combat s'engagea avec un acharnement
« inconcevable : le 8ᵉ corps tenant la gauche, le 6ᵉ le
« centre, le corps de réserve la droite. Les Russes tinrent
« avec une opiniâtreté invincible, jusqu'à notre arrivée
« à 3 heures.

« Nous fûmes placés sur 4 lignes derrière les grenadiers
« réunis, à gauche un ravin, à droite un bois, nul moyen
« de se tourner des deux côtés : il fallait s'attaquer de front
« et s'enfoncer. *On me laissa le maître absolu de placer,*
« *et diriger mon artillerie composée de 30 pièces.* J'en
« formai deux batteries de 15 chacune, et j'en flanquai
« notre front à droite et à gauche, commandées la 1ᵉʳ dite
« de gauche, par le major Raulot, la 2ᵉ celle de droite par

« le colonel Forno, *et toutes les deux presque toujours*
« *par moi*. Je portai mes deux batteries pour première
« position à 200 toises de l'ennemi, et après une ving-
« taine de salves, cet ennemi ne bougeant pas, quoique
« nous vissions les rangs s'éclaircir de minute en minute,
« je fis marcher les deux batteries à la prolonge, et leur
« fis prendre position à 60 toises de la ligne russe. Le
« terrain étant en triangle, et nous marchant vers la
« pointe, nous nous trouvâmes réunis. Ce fut alors que nous
« fîmes, pendant vingt-cinq minutes, le plus terrible feu
« de mitraille que j'aie jamais vu. Nous rasâmes leurs mas-
« ses, qui disparaissaient et se renouvelaient à chaque instant.
« Leur emplacement après le combat présentait environ
« quatre mille morts sur ce point seul. »

   « J'ai été chargé, le 16, de jeter un pont sur la Pre-
« gel, près de Wehlau, par l'Empereur lui-même. Il n'est
« sorte d'amitiés qu'il ne m'ait faites, ainsi que le jour de
« la bataille (1). De même *tous nos généraux, nos offi-*
« *ciers, de simples soldats venaient me serrer les*
« *mains, et applaudissaient nos canonniers, lorsque*
« *nous rentrâmes.*

   « Enfin, cher frère, j'éprouve qu'il est doux d'avoir con-
« tribué à donner la paix à son pays et de la gloire à sa na-
« tion. *Je ne me soucie plus de grâces, de faveurs, ni*
« *de grades.* Je veux arranger mes affaires, vous embras-
« ser tendrement, vous, ma femme et mes enfants, et je
« n'ai point d'autre désir. »

   De quelles réflexions pourrait-on accompagner une pa-

---

(1) Voyez à la note ci-dessus le mot si honorable de l'Empereur.

reille lettre. Son désintéressement fut servi suivant ses dé-
sirs ; les récompenses furent pour d'autres (1).

Au moment où l'Empereur entrait sur le pont que Senarmont avait été chargé de construire, un de ses chambellans
fit remarquer que le tablier ne paraissait pas solide. « *Oc-*
cupez-vous d'ouvrir et de fermer les portes à Sa Ma-
jesté, lui dit Senarmont, *et ne vous mêlez pas de ce que*
vous ignorez. « Boutade dont la vivacité divertit l'Empereur.

A SA BELLE-SŒUR. — *Berlin,* 21 *Août.*

« S'il ne me restait pas plus de pitié pour les autres dans
« le cœur, qu'on n'en a pour moi et mes voisins, certaine-
« ment tous les maux de ce monde m'affecteraient bien peu.
« Mais je n'ai jamais pu déraciner cet incommode sentiment,
« très incommode surtout dans mon métier. »

Le 11 septembre 1807, le général de Senarmont de-
manda un congé : nous transcrivons sa demande, comme
modèle de la noble simplicité de son style.

A S. A. le Prince de Neufchâtel,

Monseigneur,

« Dans le courant de cette guerre, j'ai perdu mon père ;

_____

(1) Le général Victor nommé maréchal d'Empire.
Le général Dupont, Grand'Aigle de la Légion-d'Honneur avec une pension
de 20,000 francs.
Le général Oudinot, une dotation d'un million.
Le Général Marchand, Grand'Aigle avec une pension de 20,000, fr. etc.
(Relation de la bataille de Friedland, par M. Derode.)

« père de famille moi-même, j'ai à terminer des affaires
« très urgentes, dont dépend le sort de mes enfants.

« L'artillerie du 1er corps est dans le meilleur état, et en
« très peu de temps je le rejoindrais, si les circonstances
« l'exigeaient.

« *L'Empereur a paru satisfait de mes services, et de*
« *ma conduite* dans la campagne que nous venons de
« faire, et notamment aux batailles d'Eylau et de
« Friedland (1). »

Il fut mis en congé du 2 octobre au 1er février 1808.
Nommé président à vie du Collège électoral d'Eure-et-Loir,
son département, il eut la satisfaction de recueillir dans ces
fonctions, de la part de ses concitoyens, les témoignages
d'estime et d'admiration mérités par sa conduite.

Le 25 avril il fut chargé de l'inspection des directions
d'artillerie du Hâvre, de Cherbourg, de Brest, de Rennes et
de Paris. Deux mémoires qui existent aux archives de
l'artillerie témoignent des connaissances qu'il déploya dans
ces nouvelles fonctions. A la suite de cette inspection le ministre de la guerre ordonna, le 19 juillet, l'impression de
l'instruction donnée par le général Senarmont. (2)

Ce fut le dernier temps de bonheur dont put jouir au sein
de sa famille, cet homme si bon, qui appréciait si vivement
les jouissances de l'intérieur. Une guerre déplorable allait le
transporter sur un nouveau théâtre, où, après avoir brillé
d'un nouvel éclat, il devait mourir prématurément loin des
siens. Sa répugnance pour cette guerre entreprise, non dans

(1) Dépot de la guerre. Campagne de la grande armée. Tome XI des
pièces oficielles.

(2) Cherbourg, Boulanger imprimeur. 1808. 1 vol. in-12.

l'intérêt de la France, mais pour l'ambition d'un seul homme, et un pressentiment fatal, attristèrent ses adieux.

GUERRE D'ESPAGNE.

Campagnes de 1808, 1809 et 1810.

Le 26 août 1808, il reçut l'ordre de marcher en Espagne avec le 1er corps d'armée. Le 30 octobre suivant, il fut créé baron de l'Empire avec une dotation de 10,000 francs de revenu en Westphalie, et bientôt après chevalier de la couronne de fer.

Le 29 octobre 1807, Napoléon avait conclu à Fontainebleau avec l'Espagne un traité d'occupation et de partage du Portugal. Les honteuses scènes de Bayonne en mai 1808, et l'abdication de Charles IV, avaient donné à Joseph le titre de roi d'Espagne, et lui avaient ouvert Madrid. Mais le désastre de Dupont à Baylen (19 juillet), l'échec final et la capitulation de Junot en Portugal (30 août), la retraite impolitique de Joseph de Madrid, l'insurrection des Espagnols et l'intervention des Anglais avaient ruiné les affaires des Français en Espagne. Napoléon qui, dans la conférence d'Erfurth (27 septembre 1808), avait obtenu l'assentiment de l'empereur Alexandre pour ses projets sur l'Espagne, y dirigea vers la fin de 1808 des forces imposantes dont il prit lui-même le commandement. L'armée fut recrutée par une conscription de 160,000 hommes. Napoléon arrive le 3 novembre à Bayonne; le 9 à Vittoria, le 10 novembre toutes les munitions des Espagnols tombent avec Burgos au pouvoir des Français.

Le 1er corps toujours commandé par le maréchal Victor, duc de Bellune, gagna sur le marquis de la Romana la bataille d'Espinosa (10 et 11 novembre.)

« A Burgos Senarmont passait la revue de son artillerie; Napoléon survient à l'improviste, c'était la première fois qu'il revoyait le général au milieu de cette artillerie du 1er corps qui avait si brillamment servi à Friedland : « *Général, vous avez une belle troupe.* » — « *Plus encore bonne que belle, Sire.* » — « *Je le sais, vous m'avez rendu un immense service, je crois encore entendre votre vive et terrible canonnade à Friedland. Savez-vous que vous m'avez un instant fait peur.* (1) »

Passage de Somo-Sierra, 1er Décembre 1808.

Le succès du maréchal Lannes à Tudela (23 novembre), ouvre la marche sur Madrid, mais il fallait enfiler le défilé de Somo-Sierra.

« Au col même, le général San Juan avait construit divers ouvrages de fortifications. Quoiqu'ils ne fussent pas très bien placés, ils ne laissaient pas que d'augmenter la force de la position ; 16 bouches à feu rangées dans le col même balayaient tout l'escarpement de la montagne dont la raideur fut extrêmement favorable à la défense. L'infanterie ennemie avantageusement placée à droite et à gauche sur plusieurs lignes disposées en amphithéâtre, s'appuyait au centre

---

(1) *Lettre du général Camas.*

aux ouvrages de campagne ; on n'avait point occupé les points les plus élevés des mamelons qui forment le col, et qui, bien qu'assez éloignés, donnaient le moyen sinon, de tourner au moins d'inquiéter, fortement les lignes espagnoles. » (1)

Rapport du général Senarmont sur les évènements relatifs à l'artillerie du Ier corps à l'affaire de Somo Sierra (2).

« Le 1er décembre, le 1er corps reçut l'ordre de marcher
« à l'attaque des gorges de Somo-Sierra. L'artillerie en-
« tièrement réunie à Grajera, route d'Aranda à Madrid, sui-
« vit ce mouvement. On trouva l'ennemi maître d'une po-
« sition formidable qu'il pouvait disputer pied à pied avec
« tout l'avantage des commandements qu'il avait sur le terrain
« que nous étions obligés de parcourir, et protégé par 15
« bouches à feu de position, parfaitement placées. Le peu de
« largeur du chemin ne permit d'employer que 2 pièces
« de 8 et 1 obusier de 24, qui, pendant très peu de temps,
« purent faire feu ensemble, malgré tout le soin qu'on
« mettait à profiter des emplacements qui se présentaient.

« Ces 3 bouches à feu étaient servies par la 2e compa-
« gnie du 3e régiment d'artillerie à cheval, et commandées
« par le lieutenant Michel ; elles furent manœuvrées avec
« beaucoup de sang-froid et de courage sous la direction

(1) Résumé historique des campagnes de 1808 à 1814, de la guerre d'Espagne, par le lieutenant-colonel Poinçot. Manuscrit. Dépôt de la guerre. Travail exécuté au fur et à mesure du dépouillement et du classement des documents officiels.

(2) 5522. Archives de l'artillerie.

« du général d'artillerie. L'ennemi fut chassé de toutes ses
« positions, et nous nous emparâmes de 12 bouches à feu
« et de 30 voitures. »

« Au point du jour, la division Ruffin du premier corps
attaqua les avant-postes ennemis, les culbuta et entra dans
le défilé, en les chassant devant elle.

« Aussitôt que la division put s'étendre, le 9e régiment d'infanterie légère suivit les hauteurs à droite, le 24e régiment
de ligne les hauteurs à gauche, et le 96e s'avança sur la
chaussée. Le général Senarmont, avec 6 pièces (l'artillerie
du 1er corps était restée en arrière et devait rejoindre dans
la soirée (1) marchait en tête de la colonne. Nos troupes
furent accueillies par un feu de mousqueterie des plus vifs,
et trouvèrent de la résistance. L'Empereur arrivait en ce
moment ; il examina attentivement la position des Espagnols;
plusieurs boulets tombèrent à côté de lui, pendant ce temps,
ou passèrent au dessus de sa tête.

« Le 24e de ligne et le 9e d'infanterie légère faisaient
peu de progrès. L'Empereur ordonna aux lanciers polonais
de sa garde, qui étaient en colonne serrée par escadrons, au-
delà du ravin à droite de la route, de charger sur les retranchements ennemis, qui étaient au centre de la position.
L'escadron de service, qui était auprès de l'Empereur, s'é-
lança le premier en colonne par quatre, sous le commandement du chef d'escadron Kozictulsky. Cet escadron fut ra-
mené par le feu violent de la batterie et des tirailleurs. Mais
les autres escadrons arrivant, conduits par leur colonel le
comte Krasinsky, le rallièrent par leur seule présence, et

(1) Erreur. Voyez le rapport ci-dessus.

le régiment réuni, favorisé par le brouillard et la fumée du combat, se précipita avec une violence irrésistible sur la batterie et les retranchements de l'ennemi. Les Espagnols, frappés de terreur, firent une décharge et s'enfuirent. Tous les canons (1) tombèrent en notre pouvoir.

« La position ne pouvait manquer d'être emportée par l'infanterie ; mais ce fut un éclair du génie de l'Empereur, qui jugea que l'état de l'atmosphère assurait la réussite de son projet, et voulait frapper l'imagination des Espagnols par l'audace de cette attaque sans exemple. (2). »

Madrid s'apprêtait à une défense désespérée. La ville comptait pour sa défense les miliciens, 40,000 paysans armés, 8,000 hommes de troupes réglées et 100 pièces de canon, braquées derrière des barricades. On y attendait de nouveaux défenseurs, sous la conduite de don Benedito San Juan, ainsi que l'armée de la province de Cuença, commandée par le duc de l'Infantado. L'armée anglaise de Sir John Moore, arrêtée à Salamanque dans sa marche sur Madrid par la nouvelle de la bataille d'Espinosa, se décidait à la retraite, en apprenant celle de Tudela ; il ne fallait pas la laisser échapper.

Toutes ces considérations réunies mettaient l'Empereur dans la nécessité d'enlever Madrid par un vigoureux coup de main. Le 1er corps fut chargé du rôle principal dans cette attaque.

---

(1) Douze seulement, voyez le rapport ci-dessus.
(2) Résumé historique déjà cité.

Prise de Madrid, 3 Décembre 1808.

*Rapport du général Senarmont sur les évènements re-
latifs à l'artillerie du premier corps, dans l'attaque de
Madrid.* (1)

« L'armée, continuant sa marche, se rendit, le 2, sous
« les murs de Madrid, dont Sa Majesté arrêta l'attaque pour
« le lendemain. Le 1er corps fut chargé de toute la
« partie comprise entre les portes Sainte-Barbe et d'Atocha,
« conséquemment d'enlever les portes d'Alcala et des Ré-
« collets.

« La première, celle d'Alcala, défendue par un retran-
« chement fraisé, palissadé et armé de 4 bouches à
« feu, était d'un accès très difficile, à cause des murs du
« parc de Buen-Retiro, occupé par l'ennemi, qui longent
« la route, et qu'il avait crenelés dans tout leur pourtour.
« Cette route formant un coude, on ne pouvait découvrir
« la porte sans parvenir à l'angle ; il fallait donc s'emparer
« du Retiro. Son Excellence le maréchal Victor, d'après les
« ordres de Sa Majesté, s'arrêta au plan suivant, qui fut
« exécuté avec la plus grande ponctualité et une rare in-
« telligence.

« Il fut décidé que brèche serait faite en un et même
« deux endroits aux murs du Retiro dans leur côté perpen-
« diculaire à la route ; qu'ensuite l'infanterie occupant le
« parc, l'artillerie marcherait sur la route en l'attaquant de

(1) No 5522. Archives de l'artillerie.

« front, et ferait filer en même temps des pièces sur les flancs
« pour prendre la porte de revers et à dos, s'il était pos-
« sible; qu'enfin maîtres de la porte, on balaierait la grande
« rue d'Alcala, en se logeant de proche en proche dans
« les maisons, et avançant toujours.

« Pour l'exécution de ce projet, le général d'artillerie
« établit :

« 1° En avant d'une maison blanche qui se trouve à
« gauche de la route d'Alcala (en regardant Madrid) et à
« 100 toises (200 mètres) au plus des murs du Retiro, 6
« bouches à feu de la 2ᵉ division (4 pièces de 8 et 2
« obusiers), commandées par le chef d'escadron Sezille.
« L'objet que cette batterie avait à remplir était d'ouvrir la
« porte.

« 2° Une batterie semblable, composée de 4 pièces des
« 8 et 2 obusiers, près de la route et à gauche, dont le but
« était d'enfiler les murs du Retiro parallèles à la route, et
« de porter des obus dans le retranchement de la porte
« d'Alcala. Cette batterie était commandée par le chef d'es-
« cadron Marcillac.

« 3° A droite de la route, deux batteries de 3 pièces de
« 8 et 1 obusier, commandées, la première, par le lieute-
« nant Hervilly, la deuxième, par le capitaine Cazeau.

« Ces deux batteries prenaient d'écharpe les murs du Re-
« tiro parallèles à la route, et portaient des feux sur la porte
« d'Alcala.

« Ces dispositions faites, l'attaque commença; les pièces
« parfaitement servies firent un feu roulant et bien nourri;
« la brèche fut ouverte en trois quart-d'heures. Le Retiro
« fut occupé. L'artillerie s'avança à 60 toises (120 mètres)

« de la porte; 3 pièces de 4 et 1 obusier se por-
« tèrent par le flanc gauche sur les bords du lac du Re-
« tiro. L'ennemi abandonna la porte, et de suite les canon-
« niers, avec la même ardeur qu'ils avaient mise au com-
« bat, arrachèrent les palissades, renversèrent le retranche-
« ment et comblèrent le fossé pour son passage.

« Une pièce de 8 s'établit en batterie, et aussitôt l'enne-
« mi qui garnissait les retranchements de la rue d'Alcala
« commença un feu terrible ; le passage de la porte obstrué
« en un moment de cadavres d'hommes et de chevaux devint
« extrêmement dangereux, et ce fut vraiment un acte d'hé-
« roïsme de la part des canonniers et des soldats du train,
« de s'y lancer comme ils le firent.

« On avança pied à pied, et, au moment où le feu cessa,
« l'artillerie renforcée des pièces de 4 que le général avait
« tenues en réserve, occupait les positions suivantes :

« 9 bouches à feu de l'artillerie à cheval et de la 3e di-
« vision, dans la rue d'Alcala, au débouché du Praols.

« En face de la rue Saint-Jérôme, et enfilant le Praols,
« 7 bouches à feu de la 2e et de la 3e division.

« Sur la plate-forme de l'observation 2 pièces de 4.

« A l'angle du palais du Buen-Retiro 1 pièce de 8.

« Ces différents points furent renforcés au point du jour,
« et on échangea les calibres, de manière que la force fût re-
« lative à leur position.

« Pendant que ceci se passait, l'artillerie de la 1re division
« attaquait la porte des Récollets, avec 4 pièces de 8, 2 pièces
« de 4 et 2 obusiers de 24.

« 4 pièces de 8, commandées par le capitaine Varennes,
« placées sur la gauche de cette porte, la prenaient en écharpe

« tandis que les 2 pièces de 4 et les obusiers, commandés
« par le capitaine Viallet, la battaient de front.

« La porte fut emportée, et l'artillerie de la 1re division
« vint au débouché sur la rue d'Alcala, se réunir à celle qui y
« était déjà emplacée, ainsi qu'on l'a dit plus haut.

« Tel est le précis des manœuvres de l'artillerie dans la
« journée du 3 décembre. Tous les mouvements en furent
« constamment dirigés par le général d'artillerie, et exécutés
« par les officiers supérieurs Bernard, Sézille et Marcillac,
« dont j'ai eu à me louer pour l'exécution littérale des ordres
« qui leur sont parvenus. Mais un officier dont je ne puis
« faire trop l'éloge pour le talent, le sang-froid et la bra-
« voure, est M. le chef de bataillon et d'état-major Mora-
« zain, aussi modeste que brave et instruit : ce n'est qu'avec
« une extrême réserve qu'il donna son avis sur la demande
« de S. E. le maréchal Victor, qui eut la bonté de l'accueillir
« et d'en faire quelquefois usage.

« Perte : lieutenant Driessens, sergent Klein, 6 canon-
« niers, 22 hommes blessés : consommation 2,557 cartou-
« ches à boulet et à balles. »

Deux sommations adressées aux autorités de Madrid furent
reçues avec fureur. A la troisième sommation, après un conseil tumultueux, les troupes réglées partirent, la populace se
dispersa, la junte insurrectionnelle se retira à Aranjuez, et
les Français furent mis en possession de tous les postes.

L'Empereur combla d'éloges publics le général Senarmont, dont la vigoureuse attaque avait particulièrement contribué à cet heureux résultat, et le nomma général de division
sur le champ de bataille.

A son Frère. — *Madrid, 9 janvier* 1809.

« Tu as vu dans les journaux, avant ma lettre, toutes nos
« aventures, et le grade qui en a été le résultat. L'Empereur
« m'a nommé général de division, *de lui-même et seul.*
« C'est le résultat de l'attaque de Madrid, où mon artillerie
« a fait merveille. Ce serait une belle occasion de voguer à
« pleines voiles sur la mer de l'ambition. *Mais rien ne me*
« *tente que les choses de Dreux et de Voisins* (sa terre.)
« Lorsque j'aurai achevé mes trente ans, si Dieu me prête
« vie, j'aurai le droit de demander ma retraite. C'est
« tout ce à quoi j'aspire. »

A son Frère. — *Tolède, 14 février* 1809.

« Je ne puis qu'être très sensible aux témoignages d'es-
« time et d'intérêt que beaucoup de personnes m'ont donnés,
« tant dans le corps que hors de lui. C'est le prix que notre
« famille a toujours envié, et tu as eu plus d'une fois à l'é-
« prouver pour ton compte. Notre bon père avait recueilli
« une ample moisson en ce genre, et j'espère qu'il en re-
« viendra quelque chose à nos chers enfants. ».
Le maréchal Soult (2e corps) concentrait ses forces à
Carion, pour s'opposer aux Anglais qui se mirent en retraite
sur Bénévente. L'Empereur passa la Guadarama, et arriva à
Tordesillas douze heures trop tard pour leur couper la retraite. Le 1er janvier 1809, Napoléon arriva à Astorga.
Rappelé en France par la nouvelle des disposition hostiles de
l'Autriche, il chargea Soult de la poursuite de Sir John
Moore.

1809. Le 1er corps (maréchal Victor) occupe la Manche.
Le 2e (Soult), envahit le Portugal. Le 3e (Moncey, ensuite
Junot), et le 5e (Mortier), font le siège de Saragosse. Le 4e
(Sébastiani), occupe la vallée du Tage. Le 6e (Ney) la Galice.
Le 7e (général Saint-Cyr remplacé ensuite par le maréchal
Augereau), la Catalogne jusqu'à la chute de Saragosse ; la
Garde impériale, à Vittoria, conservait la ligne d'opération;
Madrid en était le centre. De là des mouvements concentri-
ques permettaient aux Français d'écraser toutes les insurrec-
tions.

Le général comte de la Riboisière, commandait en chef
l'artillerie en Espagne.

Bataille d'Uclès, 13 Janvier 1809.

L'armée de la province de Cuenca, sous les ordres du duc
de l'Infantado, se reforma au nombre de 30,000 hommes.
Il voulut s'appuyer au Tage, et refouler les Français sur
Aranjuez. Le 1er corps marchant au-devant de lui le rencontra à l'improviste à Uclès, le culbuta et lui prit plusieurs
milliers d'hommes.

*Rapport du général Senarmont sur les évènements re-
latifs à l'artillerie, qui ont eu lieu à l'affaire d'Uclès,
13 janvier 1809.* (1)

« L'artillerie des divisions du 1er corps, et sa réserve réu-

---

(1) 5524. Archives de l'artillerie.

« nie à Aranjuez, d'après les ordres du maréchal duc
« de Bellune (Victor), pour suivre par les routes praticables
« les mouvements de l'infanterie qui devait prendre les che-
« mins les plus abrégés est partie à la suite des divisions, le
« 11 janvier.

« Elle les quitta le même jour à Ocana et se rendit à
« Villa Lobos où elle passa la nuit. Toutes les mesures de
« sûreté y furent prises, et le convoi fut couvert par un ba-
« taillon du 95e régiment.

« Le lendemain elle prit la route de Santa-Crux, où elle
« rejoignit le corps d'armée et marcha avec lui jusqu'à Ta-
« rancon.

« Le 13, le mauvais état des chemins força les voitures à
« prendre un détour jusqu'à une lieue de cette ville, et l'ar-
« tillerie à cette distance prit la queue de la 1re division.

« Le duc de Bellune ayant rencontré l'ennemi, donna
« l'ordre à la 1re division de doubler le pas, et à l'artillerie
« de suivre son mouvement. La nature de la route s'opposa
« à ce que le matériel pût exécuter cet ordre avec toute la
« célérité désirable : une côte assez raide et offrant un sol
« gras et spongieux, qui se présente après le village de
« Fuente Redonda, entrava longtemps la marche. Cependant,
« les obstacles ayant été vaincus, l'artillerie pénétra par une
« grande route assez bonne, dans la gorge qui conduit à Al-
« cazar ; elle s'y engagea tout entière pour passer le défilé.
« A peine les premières pièces de la 1re division avaient-
« elles débouché, que le général reçut l'ordre de se porter
« rapidement sur Uclès : il arriva en même temps une com-
« pagnie de voltigeurs du 9e régiment d'infanterie légère,

» mais déjà il n'était plus temps ; déjà deux colonnes de
« cavalerie, l'une forte de 3 à 400 hommes, l'autre de 7
« à 800, descendaient la montagne avec rapidité. Leur di-
« rection annonçait dans leurs chefs l'intention de charger
« le convoi en tête, et de le couper au défilé.

« Le général d'artillerie fit hâter le pas à toutes les voitu-
« res, occupa quelques hauteurs assez avantageuses, avec
« 1 pièce de 8, 4 pièces de 4 et 2 obusiers, et com-
« mença un feu assez vif sur l'ennemi qui prit la fuite sans
« changer de direction. La colonne qui se dirigeait sur la
« sortie du défilé coupa la queue du convoi ; mais elle fuyait
« avec une telle terreur, qu'elle fit très peu de mal, et fut
« chargée presque aussitôt par l'artillerie à cheval de la ré—
« serve, le lieutenant Hervilly à sa tête.

« L'ennemi eut alors plusieurs hommes tués ou blessés,
« beaucoup d'autres pris, entre autres le marquis d'Albu-
« deis, lieutenant-colonel-brigadier du régiment de Bour-
« bon-cavalerie.

« 2 hommes et 1 officier grièvement blessés.

« La compagnie de sapeurs, celle de pontonniers, dispo-
« sées comme infanterie pour appuyer les pièces, ont fait la
« meilleure contenance. »

« Telle a été l'heureuse issue de cette affaire ; très heu-
« reuse sans doute, puisque l'artillerie engagée dans la plus
« mauvaise des positions n'a point été entamée, et au con-
« traire a concouru au résultat brillant des dispositions de
« M. le duc de Bellune.

« 5 pièces prises à l'ennemi. Consommation : 67 car-
« touches »

A son Frère. —   Cuenca, 17 janvier 1809.

« Nos succès de Somo-Sierra et de Madrid viennent d'être
« couronnés par une victoire qui tient du miracle. Nous
« sommes parvenus à joindre la plus forte partie du corps
« du duc de l'Infantado à Uclès, à deux marches ouest d'ici.
« Nous leur avons fait huit à neuf mille prisonniers, et pris
« 1500 chevaux, 22 drapeaux et 13 pièces de canon. Pen-
« dant le combat, je marchais péniblement avec toute mon ar-
« tillerie réunie dans une gorge très étroite. J'ignorais tota-
« lement ce qui se passait. J'avais à peine une dizaine de voi-
« tures hors du défilé, lorsque je vis paraître en avant et sur
« mes flancs deux colonnes de cavalerie fortes ensemble de
« 15 à 18 cents chevaux, qui faisaient mine de me char-
« ger en tête et de me couper au milieu. Je n'eus que
« le temps de mettre trois ou quatre pièces en batterie, de
« former ma compagnie de pontonniers en infanterie, et
« de commencer le feu le plus vif possible. Ils se dispersè-
« rent, passèrent la plus grande partie à 200 toises de
« moi en avant, et le reste au milieu de mon convoi, où
« ils ne firent pas le moindre mal. Ils y furent chargés
« par mon artillerie légère, qui leur tua du monde, et
« leur prit une trentaine d'hommes, dont un lieutenant-
« colonel de Bourbon-cavalerie, brigadier.

    « Ainsi se termina cette aventure, à mon grand plai-
« sir. »

. 22 janvier. — Cette victoire décida Joseph à faire son
entrée à Madrid ; le maréchal Jourdan devint son major-
général.

Le général de la Riboisière, commandant en chef l'artillerie, est rappelé; et, le 9 mars, le général de Senarmont est nommé commandant en chef de l'artillerie de toutes les armées d'Espagne.

Le 4e corps occupait la Manche; le 27 mars, il défait Cartoajal dans la bataille de Ciudad real. Le même jour, le 1er corps, opérant sur le Tage, écrase Cuesta à la bataille de Médellin.

Le commandant en chef de l'artillerie rendit compte ainsi du nouveau succès de l'artillerie du 1er corps, qu'il avait si glorieusement commandée.

Rapport du général Senarmont sur les évènements relatifs à l'artillerie à la bataille de Médellin, 28 mars 1809 (1).

« M. le chef de bataillon Bernard qui a commandé l'ar-
« tillerie du 1er corps depuis mon départ, jusqu'à l'arrivée
« de M. le colonel Bouchu, c'est-à-dire du 23 au 31 mars
« dernier, vient de m'adresser son rapport sur les évène-
« nements relatifs à l'artillerie pendant la bataille de Mé-
« dellin qui s'est donnée le 28 mars, ainsi que sur les mou-
« vements antérieurs.

« L'ennemi n'ayant pas, comme on devait s'y attendre,
« disputé le passage de la Guadiana, et coupé le pont de
« Médellin, M. le duc de Bellune, après s'en être servi
« pour établir son corps d'armée sur la rive gauche de la
« Guadiana, déploya, le 28 à midi, la division du général
« Leval (à qui la veille il avait fait passer la rivière d'Orte-
« gosa) sur la gauche du chemin du Médellin à Don Benito;

(1) Archives de l'artillerie, 5,525.

« le capitaine de la Sollaye (artillerie de Baden) emplaça,
« sur la gauche de cette division , moitié de son artillerie
« composée de 2 pièces de 4 et de 2 obusiers.

La 1re division de dragons, commandée par le général
« Latour Maubourg, formée en colonne serrée par esca-
« dron, vint se placer à la droite de la division Leval,
« laissant entre-elle et cette division un intervalle qui fut
« occupé par la division de cavalerie légère du général La
« Salle. Cette dernière division avait à sa droite la batterie
« du capitaine Baillot, 2 pièces de 8, 2 pièces de 4 et 2
« obusiers de six pouces. »

« A droite de la division Latour Maubourg se déploya la
« batterie commandée par le capitaine Baudry ; elle fut
« appuyée par un bataillon de la division allemande (Le-
« val), elle était composée de 4 bouches à feu, 2 de 8, 1
« de 4 et 1 obusier de six pouces.

« La division de M. le général Villate vint cacher ses
« deux brigades, Cassagne et Lefol, formées en colonnes
« serrées par bataillons, derrière la division de dragons

« Une batterie de 6 bouches à feu commandée par M. le
« chef de bataillon et de l'état major Morazain, passa de
« même l'Artigosa, mais fort à la droite, et au-dessus du
« point où les troupes l'avaient traversé ; elle fut suivie et
« protégée dans son mouvement, qui avait pour objet de
« prendre l'ennemi en écharpe, par un bataillon de gre-
« nadiers allemands,

« La division Ruffin forma la réserve en arrière de l'Ar-
« tigosa, et s'établit près d'une chapelle, sur un mamelon
« qui dominait la plaine ; son artillerie y fut mise en bat-
« terie.

« Jusque là l'ennemi n'avait fait voir que quelques esca-
« drons ; il déploya avec la plus grande rapidité et en très
« bon ordre une ligne d'infanterie très considérable, qu'il
« poussa, le plus qu'il put, vers sa droite, pour déborder
« notre gauche ; sa cavalerie, à l'exception de quelques es-
« cadrons placés à son centre avec 4 pièces de canon,
« couvrait ses ailes ; le reste de son artillerie était répandu
« pièce par pièce, dans les intervalles de ses bataillons.

  « Le maréchal Victor, voyant que l'ennemi se proposait
« de l'envelopper par ses ailes, refusa son centre et sa gau-
« che, et jeta de suite sur un mamelon qui dominait notre
« droite, et dont l'ennemi avait négligé de s'emparer, le
« 94ᵉ régiment d'infanterie de la division Leval, et les
« dragons. L'infanterie se forma en carrés, et se lia avec
« la batterie de droite et le bataillon de grenadiers qui
« l'appuyait ; les dragons et un carré de troupes de Baden
« restèrent en réserve en arrière.

  « Pendant ce temps l'ennemi cherchait à nous dépasser
« de plus en plus par sa droite, et accélérait son mouve-
« ment, en voyant la marche rétrograde que la gauche et le
« centre de l'armée française paraissaient exécuter. Il fut
« très inquiété dans sa marche par les batteries des capitai-
« nes Baillot, Baudry et de la Sollaye ; la 1ʳᵉ forma un redan
« pour attendre la tête de l'ennemi qui débordait déjà notre
« gauche. »

  « Au même moment, l'armée espagnole, formée en co-
« lonne serrée, se porta avec rapidité sur le mamelon, et
« parut marcher avec résolution sur nos carrés et notre bat-
« terie de droite ; partie de sa cavalerie, masquée par ce
« mouvement, s'avança pour enlever cette batterie. Elle fut

« reçue par le chef de bataillon Morazain. La confiance que
« cet officier inspire aux canonniers, leur donna la fermeté
« nécessaire pour exécuter ses ordres. Ils essuyèrent sans
« riposter le feu de la colonne d'infanterie ennemie, et ne
« tirèrent que lorsque l'ennemi fut à trente pas.

« Ainsi l'on peut juger de l'épouvantable carnage résul-
« tant de salves à mitraille, se succédant avec la plus grande
« rapidité et sans interruption.

« La colonne d'infanterie fut mise en désordre, et étant
« habilement chargée par le général Latour-Maubourg, fut
« complètement détruite.

« L'autre partie de la cavalerie, tournant notre droite
« très loin, redescendit sur nos derrières, et s'avança avec
« rapidité pour s'emparer de Médellin, et couper ainsi la
« retraite à notre armée, dont elle croyait la gauche détruite ;
« elle rencontra alors le carré de la division Ruffin, et son
« artillerie, commandée par le capitaine Cazeaux, qui l'ar-
« rêtèrent sans qu'elle pût rien entreprendre.

« Le mamelon étant ainsi nettoyé, fut occupé par les dra-
« gons du général Latour-Maubourg, qui masquèrent la
« marche qu'exécuta de suite la batterie de droite, qui ve-
« nait de si bien agir. Suivie des cinq carrés du 94ᵉ régi-
« ment, de Baden, de Nassau, et enfin par ces mêmes dra-
« gons, elle tourna rapidement à gauche, et tous au pas de
« course, allèrent tomber sur le flanc et les derrières de la
« droite de l'ennemi, qui s'était imprudemment avancée ;
« notre centre et notre gauche, ne cédant que peu à peu,
« l'avaient attirée dans ce piège.

« La cavalerie légère du général La Salle seconda ce
« mouvement rapide, l'infanterie ennemie fut ouverte, di-

« visée, et, dès ce moment, il n'y eut plus de combat, mais
« un horrible carnage.

« On évalue à 10 ou 12,000 le nombre des ennemis tués,
« et à 6,000 les prisonniers qu'on a faits.

« Au moment du rapport, on s'occupait à réunir les fusils
« qui se trouvaient sur le champ de bataille, et il y en avait
« 1,500 de rassemblés à Médellin.

« Artillerie, 1 soldat tué, 11 blessés.

« Cartouches employées, 1,284.

« Cartouches d'infanterie, 35,010.

« Bouches à feu prises, 16.

« Voitures, 32.

« Officiers cités : chef de bataillon Morazain ; chef de ba-
« taillon Marcillac ; lieutenants Déjobert et Masquelez. »

Le 1er corps devait coopérer avec le maréchal Soult qui
envahissait le Portugal. Sir Arthur Wellesley (depuis duc de
Wellington) remplace sir John Craddock. Le 10 mai, combat de Grijon, avantageux aux Anglais qui, le 12, passent le
Douro. Soult se retira par un sentier de montagne, en arrière
de Braga. Wellesley marche en Espagne. Joseph ordonne
au maréchal Victor de revenir à Talavera-de-la-Reyna. Celui-ci repasse l'Alberche et bat, à Alcabra, Cuesta qui l'avait
passée à sa suite. Le 27, les Espagnols sont encore battus à
Salinas

Bataille de Talavera, 28 Juillet 1809.

Le 28, l'armée française rencontre l'armée espagnole
de l'Estramadure, forte de 36,000 hommes, la légion de
Robert Wilson, de 4,000, et l'armée anglaise, de 24,000

hommes, dans une position près de Talavera. Le 1er corps (maréchal Victor) n'avait que 25,000 hommes ; le 4e (Sébastiani) qui n'était pas encore arrivé en ligne, n'en comptait que 16,000.

Joseph et son major-général, le maréchal Jourdan, voulaient attendre que la jonction du maréchal Soult rétablisse l'égalité de nombre, en plaçant les armées alliées dans une position critique. Les instances du maréchal Victor firent décider d'agir immédiatement. Les Français échouent dans des attaques mal combinées contre une position très forte, et des forces supérieures.

Rapport du général Senarmont sur le service de l'artillerie à la bataille de Talavera 28 juillet (1).

« L'armée ennemie, opposée au 1er corps, et composée de « l'armée de Cuesta, d'un corps de 25 à 30,000 Anglais, « en tout de 70 à 75,000 hommes, étant devenue trop « supérieure en nombre pour que le 1er corps pût plus « longtemps se maintenir dans ses positions derrière l'Alberche ; S. M. Catholique se détermina à lui donner ordre « de se replier derrière le Guaderama, près du pont qui se « trouve lier sur cette rivière la route de Tolède à celle de « Talavera. Elle retira en même temps de la Manche le corps « du général Sébastiani (4e), et marcha elle-même à la tête « de la réserve composée de sa garde, et de la division Dessoles, pour opérer sa jonction avec ces deux corps réunis. « Cette opération se trouva complètement exécutée le 26 juillet matin.

(1) Archives de l'artillerie; 5526.

« L'artillerie se trouvait ainsi composée : le 1er corps
« avait 36 bouches à feu, le 4° 52 et la réserve 14 en
« tout **82**.

« Le 26, l'armée ayant le 1er corps en tête, atteignit
« l'ennemi à Alcabon, village à une lieue de Torrijos, entre
« les deux routes de Madrid et de Tolède à Talavera-de-la-
« Reyna. L'artillerie de la division Latour-Mauboug, 1re de
« dragons, fit un feu bien dirigé qui produisit de l'effet.
« 4 pièces de 8 et 2 obusiers composaient cette batterie.
« L'ennemi fut délogé de ses positions, et se mit en pleine
« retraite sur l'Alberche. L'armée coucha à Santa Ollalla ; le
« lendemain elle poursuivit sa marche, et retrouva l'ennemi
« sur l'Alberche, qu'il passa, en traversant cette rivière,
« partie à gué et partie sur le pont qui se trouve au-dessus
« de son embouchure sur le Tage.

« La configuration du terrain offre dans cette partie une
« vallée assez large, dans laquelle coulent et se réunissent
« le Tage et l'Alberche ; celle-ci venant de la droite et faisant
« face à Talavera. Une chaîne de montagnes, très hautes,
« qui vont se lier à celles du Portugal, forme sa limite vers
« la droite, et les bords très escarpés du Tage la bornent
« vers la gauche. La vallée se resserre vers Talavera, et les
« montagnes s'abaissent vers cette ville, par une suite de
« mamelons, dont l'un, plus rapproché de la chaîne, domine
« tous les autres, et offre une position formidable. Le ter-
« rain de la vallée est couvert d'oliviers et de bois, ça et là
« quelques éclaircies rares, peu étendues, et de toute part la
« vue est masquée. C'est dans ce terrain défavorable que
« l'armée française avait à agir.

« La 1re et 2e division du 1er corps, et les dragons du

« général Latour-Maubourg, passèrent l'Alberche à gué sur
« différents points, débouchèrent dans la vallée et, tournant
« à droite, attaquèrent l'ennemi, qui était en pleine retraite
« par le pied des montagnes, le joignirent dans le bois, lui
« tuèrent 1800 hommes, et l'eussent complètement défait,
« secondés par le 4e corps qui venait de passer l'Alberche
« avec élan, si la nuit ne fût arrivée et n'eût empêché de
« poursuivre le succès. L'ennemi en profita pour occuper le
« mamelon dont il a été parlé plus haut. Il y fut attaqué
« par le 9e régiment d'infanterie légère, et fut chassé des
« positions inférieures, mais il ne put être délogé du mame-
« lon. L'artillerie du 1er corps fit beaucoup de mal à l'en-
« nemi dans l'attaque du bois.

« La lumière du jour, le 28, découvrit l'ordre de bataille
« de l'ennemi, et les différents mouvements qu'il fit dans la
« journée ne furent que des conséquences de cette première
« disposition.

« Il occupait en force le mamelon dont le sommet était
« garni de 4 pièces de canon. Sur une position inférieure
« il en avait établi 4 autres. Il déployait une ligne d'infan-
« terie immense qui s'étendait du sommet du mamelon jus-
« qu'à Talavera, et était renforcée sur le mamelon et dans
« la plaine, par une seconde ligne, soutenue par des co-
« lonnes formidables serrées en masse; en arrière de tout
« cet appareil se découvraient au loin des têtes de colonne
« de cavalerie.

« Le 1er corps formait la droite de l'armée française et
« occupait les plateaux inférieurs au mamelon; en avant
« son artillerie, mais la réserve formait 3 batteries qui
« faisaient face à celle du mamelon et prenait l'ennemi d'é-

« charpe. A la gauche du 1ᵉʳ corps se trouvait le 4ᵉʳ sur deux
« lignes ayant en arrière et à sa gauche la réserve et la
« division de dragons du général Milhaud.

« Pendant la matinée l'artillerie du 1ᵉʳ corps supérieu-
« rement dirigée par le brave général d'Aboville, chassa
« deux fois la batterie inférieure de l'ennemi de sa position,
« et lui fit le plus grand mal. Le chef d'escadron Marcillac
« eut deux doigts de la main droite et un de la gauche em-
« portés par un boulet.

« Le combat commença de trois à quatre heures du
« soir; le mamelon attaqué trois fois par le 1ᵉʳ corps, ne
« put être emporté. Le 4ᵉ corps agissant dans un terrain
« coupé de haies, de vignes et d'oliviers, son artillerie,
« dont le général commandant en chef cette arme avait
« pris le commandement, parce qu'elle était composée d'é-
« trangers, ne put se déployer, et reçut à bout portant un
« feu de mousqueterie terrible, dont le major d'artillerie
« hollandaise Steimnetz, le lieutenant d'artillerie badoise
« Schuts furent tués; le colonel Berge, chef de l'état-major
« général de l'artillerie, le lieutenant Etchégoyen (1) aide-
« de-camp du général Senarmont, le capitaine d'artillerie
« badoise de La Sollaye (2) furent blessés. 2 pièces de 8
« dont les chevaux furent tués, restèrent engagées dans les
« arbres.

« L'artillerie du 1ᵉʳ corps renforcée de sa réserve com-
« mandée par le chef de bataillon de l'état-major Mora-
« zain reprit son feu avec la plus grande vigueur. Le capi-
« taine Florinier agissant sous ses ordres se distingua par

(1) Colonel d'artillerie, mort à la Rochelle en 1843.
(2) Aujourd'hui, général commandant l'artillerie du Grand-Duché de Bade.

« son sang-froid et sa bravoure : commandant comme à
« l'exercice, et obtenant de ses canonniers le silence, le
« calme, et l'attention. Ce brave officier mérite une récom-
« pense éclatante.

« La nuit arrivant mit fin au combat, et chacun resta
« dans sa position.

« Pendant la nuit Sa Majesté Catholique apprit qu'un
« corps nombreux d'insurgés ayant passé le Tage à Aran-
« juez menaçait Tolède et Madrid, et se détermina à se
« porter sur Bargas et Ollias, pour l'attaquer et lui couper
« la retraite. Elle se décida à laisser le 1er corps dans la po-
« sition de l'Alberche, et à se porter sur Tolède par Bar-
« gas et Ollias. Les mouvements de l'ennemi horriblement
« maltraité, annonçaient des dispositions rétrogrades.

« Dans cette bataille, l'artillerie a déployé son courage
« ordinaire. Tous ont bien fait leur devoir. Je dois citer
« avec un éloge particulier l'artillerie allemande, celle du
« 1er corps, et les officiers de mon état-major.

	Officiers.		Canonniers.	
	Tués.	Blessés.	Tués.	Blessés.
Premier corps.	1	8	8	33
Quatrième corps.	1	1	2	

« 2 pièces perdues par la division allemande., les chevaux
« ayant été tués
« 5666 coups de canon. »

Extrait du rapport du général Sébastiani(1).

« Il faudrait nommer notamment les officiers de l'artil-

(1) Pièces du dépôt de la guerre.

« lerie, que le brave général Faultrier a si bien dirigée. Que
« de valeur dans cette arme et que d'impulsion elle recevait
« de M. le général de Senarmont ! Son cheval a été tué
« d'une balle. Je n'aurais osé citer le commandant en chef
« de l'artillerie, s'il n'avait été presque constamment à la
« tête de celle de mon corps d'armée. »

Ce rapport n'avait pas exposé avec sincérité les circonstances de la bataille de Talavera. Dissimulant la perte de
2 pièces d'artillerie, Le général Sébastiani s'était attribué
des succès imaginaires. L'Empereur se fit lire les rapports
anglais non moins infidèles, qni se vantaient de la prise de
12 pièces d'artillerie. Il ordonna au ministre de la guerre
d'éclaircir les faits.

Le 1er septembre le ministre répond que, sans attendre les
ordres qu'il vient de recevoir, comme le rapport du général Sébastiani n'était pas conforme à celui du général Senarmont, il a demandé des explications. 21 septembre 1809, lettre sévère de l'Empereur. « Il blâme l'infidélité des rapports
du major-général Jourdan et du général Sébastiani : *les
généraux qui le trompent par des rapports inexacts,
manquent à leur devoir* ; puis il se livre à une savante
critique des fautes commises dans cette malheureuse bataille.»
Après une longue correspondance et vérification, l'Empereur
ordonne que les deux pièces de canon perdues soient re-
tenues au général Sébastiani sur ses appointements (1).

D'après Napier la perte des Anglais fut de 2 généraux et
800 hommes, celle des Français de 2 généraux 940
hommes.

(1) Pièces du dépôt de la guerre.

Le résumé historique déjà cité prend pour les Anglais le chiffre de Napier, donné pour les Espagnols celui de 1200 hommes; pour les Français : le 1er corps, 3987 hommes hors de combat dont 26 officiers et 423 soldats tués, le 4e corps 2000 tant tués que blessés et 156 hommes faits prisonniers ; 2 pièces de canon perdues.

« Jamais les troupes françaises n'avaient combattu avec plus de valeur, jamais elles n'avaient montré plus d'ardeur pour joindre l'ennemi. Mais des attaques décousues, mal dirigées, et une grande infériorité numérique devaient amener des résultats fâcheux. Cette bataille fut d'autant plus déplorable qu'elle laissa entrevoir aux Anglais la possibilité de lutter avec avantage contre les armées impériales, que de nouvelles victoires en Allemagne faisaient briller d'un nouvel éclat. Elle donna au général Wellesley le secret de cette résistance opiniâtre qui fut la base de ses succès. Il comprit dès lors que ses troupes ne pouvant lutter avec les nôtres d'intelligence et d'élan individuel, il devait se contenter de présenter comme un rocher de granit. En effet, dans toutes les campagnes, Wellington parut préférer aux résultats décisifs ceux plus positifs à la longue de ne rien compromettre et de conserver le champ de bataille. (1) »

Indigné du mauvais succès de Talavera et des rapports erronés qui lui étaient parvenus, l'Empereur avait momentanément enveloppé tout le monde dans une disgrace générale. Les officiers qui avaient perdu 2 canons, malgré de nobles efforts, ne pouvaient guères espérer que justice leur fût rendue. Toutefois le général Senarmont crut de son devoir de

_____

(1) Résumé historique déjà cité.

faire connaître au grand duc de Bade, combien l'artillerie badoise, par son sang versé, et le courage déployé dans cette meurtrière et inutile bataille, avait bien mérité de son souverain et de la France. Il savait bien ce qu'il y avait d'irrégulier dans cette correspondance directe avec un prince allié; mais son esprit généreux négligea les formes pour ne pas priver de braves gens de la justice qui leur était due.

Les nouvelles littéraires et politiques, *N°* 196 , 24 *septembre* 1809, publiées à Manheim en français, contiennent l'article suivant.

« Carlsruhe, 22 septembre. »

« *Extrait d'une lettre du général de division Senarmont, commandant en chef l'artillerie des armées françaises en Espagne , à Son Altesse Royale le Grand Duc de Bade.* »

« Madrid, 16 août 1809. »

Monseigneur,

« La bravoure et la distinction avec laquelle les troupes « d'artillerie de V. A. Royale ont servi sous mes ordres aux « batailles de Talavera et d'Almonacid, et les rapports avanta-« geux que m'en ont toujours rendus les généraux comman-« dant l'artillerie des 1er et 4e corps de l'armée d'Espagne, « me font un devoir sacré de lui rendre un compte particu-« lier des braves officiers, sous-officiers et soldats, qui méri-« tent son attention et ses grâces.

« M. le capitaine commandant de la Sollaye, (1) connu
« et estimé de toute l'armée, après s'être couvert de gloire
« en cent occasions différentes et particulièrement à Mé-
« dellin, où sa batterie a fait un mal affreux à l'ennemi, en-
« gagé dans un terrain très difficile à Talavera, et y ayant
« porté son canon jusqu'à 20 toises (40 mètres) des An-
« glais, y a eu la jambe percée d'une balle. Il a reçu à mes
« côtés, tout le feu d'un bataillon, qui blessa mon chef
« d'état-major et mon aide-de-camp.

« M. Schultz, lieutenant, qui s'était fait connaître sous
« les rapports les plus estimables à Dantzig, et s'était distin-
« gué à Médellin, a péri glorieusement à Talavera.

« M. Klaiber, brave jeune homme, resté chef de sa bat-
« terie à Talavera, et qui m'avait parfaitement secondé, a
« péri au siège de Tolède, où il a reçu une balle dans la
« poitrine.

« Le sergent Stocklé, pour lequel on m'avait demandé
« des récompenses à la bataille de Médellin, s'est éminem-
« ment distingué à celles de Talavera et d'Almonacid, où je
« mis ses deux pièces en batterie sous le feu de 8 bouches à
« feu de l'ennemi qui nous écrasaient; il a montré le plus
« grand sang-froid et beaucoup d'intelligence, exécutant
« très exactement les ordres que je lui donnais.

« Le sergent Schumakher s'est aussi très bien conduit
« dans toutes ces occasions.

« Il faudrait que je nommasse tous les canonniers de cette
« brave compagnie pour leur rendre justice entière. » (2)

(1) Aujourd'hui général, commandant en chef l'artillerie du grand duché
de Baden.

(2) *Communication du général de la Sollaye au colonel Brechtel.*

Informé, par le ministre de France résidant à Bade, de la publication de cette lettre, Napoléon en réprimanda vivement le général de Senarmont.

Il y avait du courage, dans ce temps d'obéissance, à braver la colère de l'Empereur tout-puissant, et irrité de l'insuccès de Talavera, pour rendre justice au courage malheureux d'une compagnie d'artillerie étrangère.

Le grand duc de Bade envoya au général Senarmont la grande croix de son ordre, qu'il lui fut défendu de porter.

La marche de Soult à Placenzia oblige sir Arthur Wellesley à se retirer. Il perd une partie de son ambulance; ses blessés sont traités par les Français *avec la plus grande humanité* (1). Il reste en observation sur la Guadiana.

Bataille d'Almonacid, II août 1809.

Rapport du général Senarmont sur le service de l'artillerie depuis le 29 juillet 1809, jusqu'au 11 août suivant, époque de la bataille d'Almonacid (2).

« Après la bataille de Talavera, le général Venegas pro-
« fita des mouvements que S. M. catholique avait été obligée
« de faire en marchant aux Anglais pour pousser un corps
« de troupes jusqu'à 4 lieues de Madrid. Le roi se décida à
« laisser le 1er corps sur l'Alberche pour observer l'armée
« anglaise et espagnole (Cuesta) réunies, et pour la suivre
« dans la retraite à laquelle elle était forcée par la perte
« énorme qu'elle avait éprouvée à Talavera, et par les mou-
« vements du maréchal duc de Dalmatie. S. M. partant avec

(1) Napier. Histoire de la Guerre de la Péninsule.
(2) Archives de l'artillerie, 5527.

« sa réserve et le 4ᵉ corps, se porta sur Bargas, où elle arriva,
« le 30 juillet; par ce mouvement elle déconcerta l'ennemi
« en inquiétant à la fois et ses passages sur Aranjuez, et une
« de ses divisions qui attaquait Tolède.

  « Le 1ᵉʳ août dirigeant le 4ᵉ corps sur Torrijon, elle
« porta son quartier-général à Illucas, d'où elle tenait en
« bride l'ennemi qui menaçait de déboucher par Escalona,
« sur les derrières du 1ᵉʳ corps, en menaçant Madrid, et cou-
« vrait à la fois cette capitale du côté de Valdemoro. Du 1ᵉʳ
« au 5, S. M. continua à manœuvrer sur Mostalès; et repor-
« tant rapidement son quartier-général à Valdemoro, le 5
« août, elle poussa le 4ᵉ corps sur Aranjuez dont l'ennemi
« brûla les ponts, en repassant le Tage en déroute; il y eut
« une assez vive canonnade où l'artillerie du 4ᵉ corps fit bien
« son devoir.

  « Le 8 août, le Roi résolut de dégager Tolède, de passer
« le Tage, et de joindre l'ennemi à quelque prix que ce fût.
« En conséquence, le même jour, le général Sébastiani après
« avoir balayé les postes ennemis qui se trouvaient sur la
« rive droite du Tage, entra avec les deux divisions d'artille-
« rie du 4ᵉ corps dans Tolède.

  « Cette ville qui n'est à l'abri d'un coup de main d'aucun
« côté se défendait depuis huit jours avec la plus grande vi-
« gueur. L'adjudant commandant Mocquery y commandait,
« ayant avec lui 1200 hommes de la division polonaise et
« 8 pièces de canon.

  « Le lendemain, le général Sébastiani déboucha en colonne
« serrée par le pont de Tolède qui aboutit à des hauteurs
« escarpées et à un défilé très étroit; l'artillerie hollandaise
« et badoise avait monté sur l'Alcazar, 1 obusier et 2 pièces

« de 8 qui, joints aux 2 pièces de 4 qui s'y trouvaient déjà,
« appuyèrent vigoureusement le mouvement de l'infanterie.
« L'ennemi fut chassé des hauteurs que le 4ᵉ corps occupa,
« et qui fut de suite porté par le général Sébastiani en avant
« de Nambrone, la droite à Burguillos, en face d'Almonacid,
« où l'ennemi paraissait vouloir tenir. Dans cette affaire, le
« brave lieutenant Klaiber, de l'artillerie badoise, qui s'était
« éminemment distingué à Talavera, fut grièvement blessé.

« Le 10, à la pointe du jour, la division de dragons du
« général Milhaud passa le Tage au gué de Villamajor, à
« trois lieues au-dessus de Tolède, malgré 6 bataillons et
« 4 pièces de canon qui le défendaient, et alla s'établir en
« ligne avec le corps d'armée.

« La brigade du général Godineau faisant partie de la
« réserve, fut établie en seconde ligne.

« Le matin du 11, l'ennemi qui s'était réuni à Almonacid,
« occupait le château de ce nom, et le plateau qui l'environne,
« par une forte colonne d'infanterie, et avait une ligne très
« forte et dont la droite était appuyée à ce plateau, descen-
« dait par la gauche dans le vallon et allait se terminer à
« celui qui lui fait face. Des lignes triples et quadruples d'in-
« fanterie, s'étendaient en échelons sur les hauteurs, en
« arrière et à droite de ce village ; sur ce front étaient répar-
« ties près de 40 pièces de canon, et sa cavalerie couvrait
« les ailes. L'ennemi déployait 30,000 hommes d'infanterie
« et 5 à 6,000 de cavalerie.

« Le 4ᵉ corps dans une situation parallèle, avait sa divi-
« sion allemande et polonaise sur la gauche, formée des ba-
« taillons pairs déployés et de ses bataillons impairs serrés
« en masse en colonne d'attaque ; il étendait sa division

« française à droite, et celle-ci venait s'appuyer et se ter-
« miner à un carré formidable formé par le 32e régiment.
« La cavalerie formée sur la gauche avait quelques pelotons
« d'observation en arrière et sur les flancs. L'artillerie for-
« mant trois batteries protégeait le centre et les ailes. Elle
« était composée de 24 bouches à feu. Chaque division ayant
« 2 pièces de 8, 2 de 4 et 2 obusiers, et la 1re division de
« dragons, 4 pièces de 8 et 2 obusiers.

« La brigade de réserve, appuyée de 2 pièces de 8, 1 de
« 4 et 1 obusier était en seconde ligne. A cinq heures du
« matin le canon de l'ennemi annonça l'intention d'atta-
« quer ; la droite de notre armée s'ébranla et enleva le
« plateau où s'appuyait l'armée espagnole, après une assez
« vive résistance, et prolongea son mouvement pour tour-
« ner le plateau d'Almonacid. Au premier coup de canon,
« Sa Majesté monta à cheval, et arriva rapidement de To-
« lède sur le champ de bataille ; l'affaire était encore fort in-
« décise.

« La cavalerie ennemie très forte sur notre droite, mena-
« çait ce flanc, et de tomber sur nos derrières, par un val-
« lon qui empêchait de voir que ce point était dégarni. Le
« général Senarmont s'en apercevant porta 1 obusier et
« 1 pièce de 4 sur les hauteurs. L'ennemi, intimidé de
« quelques coups qu'on lui tira, n'osa s'aventurer.

« Dans ce moment le général Faultrier commandant l'ar-
« tillerie du 4e corps, conduisit 6 bouches à feu de la divi-
« sion Sébastiani, sur un plateau qui se trouvait sur notre
« gauche, et offrait une position très avantageuse pour
« battre le mamelon du château. Cette artillerie y fit un
« très grand ravage, et ébranla l'ennemi. Une batterie de

« 3 bouches à feu, établie dans le vallon, et au milieu de
« notre ligne, l'incommodait avec moins d'effet. La divi-
« sion Sébastiani, formée en colonne serrée, et appuyée par
« la réserve, attaqua le mamelon, et le 32ᵉ régiment qui
« forma sa tête, monta avec une telle rapidité, qu'une pièce
« amenée par le général commandant en chef l'artillerie,
« ne pût être en batterie que lorsque les premiers rangs de
« ce corps joignaient l'ennemi.

« Le mamelon et le château furent emportés et tournés,
« et dès lors l'ennemi dut songer à la retraite, qui fut ac-
« célérée par les charges très heureuses de la division de
« cavalerie légère, du général Merlin et des chevaux légers
« de la garde royale.

« L'armée espagnole masqua sa retraite par quelques ba-
« taillons, qui tinrent ferme appuyés de 13 pièces de ca-
« non. Le général en chef d'artillerie rencontrant 2 pièces
« de 4 de l'artillerie badoise les plaça sur la droite de la
« division allemande, qui souffrait beaucoup. Il eut tout
« lieu d'être content de l'adresse et du courage de ces bra-
« ves canonniers, qui exécutèrent, avec une précision ad-
« mirable, l'ordre qu'il leur donna de ne tirer que sur les
« troupes.

« L'artillerie de la division Dessoles et de la garde
« royale appuyèrent le mouvement de notre gauche.

« Enfin l'ennemi tourné par les manœuvres les plus ha-
« biles, effectua sa retraite dans un désordre qui dégénéra
« en une déroute complète, abandonnant artillerie, équi-
« pages, etc.

« Les résultats de cette affaires sont pour l'artillerie

« la prise de 16 bouches à feu, 31 caissons, 1000 à 1200
« coups de canon, 200,000 cartouches.

« 3 officiers blessés, 2 hommes tués, 11 blessés ; 2359
« coups de canon. »

« Après la bataille d'Almonacid, le 4ᵉ corps établit son
quartier général à Aranjuez, le 1ᵉʳ corps à Tolède, et le roi
revint triomphant à Madrid (1). »

Le maréchal Soult remplace le maréchal Jourdan comme
major-général

A SA BELLE-SŒUR. — Madrid, 23 août 1809.

« Mon frère me fait 1ᵉʳ inspecteur général en herbe et
« fort gratuitement. De tout ce tapage, *je ne désire que*
« *la faculté de rentrer le plus tôt possible chez moi !*
« *et d'y finir mes jours en paix et loin des armes*
« *dont le bruit me rend sourd.* »

La brillante victoire de Wagram (6 juillet), le traité de
paix de Vienne (14 octobre), inspirèrent une grande réserve aux Anglais. les Espagnols eurent plus de constance ;
le Duc del Parque avait battu le 11 octobre, à Tamamès un
détachement du 6ᵉ corps dont le général Marchand avait le
commandement depuis le rappel de Ney. La junte espagnole concentre une armée derrière la Sierra Morena, sir
Arthur Wellesley refuse sa coopération aux Espagnols ;
Areizaga reçoit le commandement de cette armée et l'ordre
de marcher de la Caroline sur Madrid.

Napier le représente comme un présomptueux, sans talents, venant se jeter tête baissée au milieu des divers corps

(1) Résumé historique déjà cité.

français sans connaître leur force ni leur position. Il avait 60 pièces de canon, de 50 à 60,000 hommes dont 8000 de cavalerie.

Les Français, dans le premier moment, ne pouvant rien comprendre à cette pointe rapide et téméraire, la croient combinée avec une attaque de l'armée espagnole de l'Estramadure réunie aux Anglais, dans la vallée du Tage. Ils se concentrent donc à Tolède, Aranjuez et Talavera-de-la-Reyna.

Le 6, la division de dragons du général Latour-Maubourg, fut attaquée à Madrilejos par 6000 chevaux espagnols. Quelques prisonniers, et les reconnaissances, apprirent que l'armée qui se présentait était forte de 55,000.

Le 9, une reconnaissance rencontra vers la Guardia 3 à 4000 chevaux qui la poussèrent jusqu'à dos Barrios, où le général Sébastiani leur prit 200 hommes.

Il paraissait que l'armée espagnole voulait forcer notre gauche, passer le Tage au dessus d'Arranjuez, et marcher sur Madrid. Comme on espérait pouvoir l'écraser avant l'arrivée des Anglais et de l'armée d'Estramadure, qu'on supposait en marche, mais que tous les rapports annonçaient au moins comme éloignés, le 1er corps reçut ordre de presser son mouvement sur Aranjuez.

Le 15, on était en mesure d'attaquer l'ennemi quand on sut qu'il se préparait à passer le Tage à Villa Manrique; mais il fut forcé d'y renoncer; déjà ses projets sur Madrid étaient déjoués. Ses mouvements continuels et décousus ne permettaient pas de prévoir où on pourrait le joindre. On sut enfin qu'il s'engageait dans la vallée supérieure du Tage en découvrant sa ligne d'opérations.

Le 18, le général Sébastiani rencontra sur le plateau
d'Ocana, dégarni la veille, un corps de 5000 chevaux, le
culbuta, lui tua 300 hommes, lui en blessa 800 et fit 80
prisonniers. Il perdit une vingtaine d'hommes, et le général
de brigade Paris (1).

A MADEMOISELLE LE VEILLARD, sa cousine.

« Le général Paris a péri glorieusement au milieu des
« ennemis le 18 novembre, après avoir percé leurs rangs.
« Il fut blessé mortellement d'un coup de lance, transporté
« par les Espagnols à Ocana, et enterré en même temps
« qu'un général espagnol, mort dans la même affaire. Il a
« été honoré des regrets de l'armée et particulièrement des
« troupes légères dont il était très aimé, et des suffrages de
« l'ennemi.

« Je le regrette de tout mon cœur, c'était un très brave
« militaire, et de plus un excellent homme ; plus on le con-
« naissait, plus on s'attachait à lui. »

Cette rencontre et tous les renseignements annonçaient
la marche rétrograde de l'ennemi pour reprendre la ligne
d'opérations. Dans la certitude de pouvoir enfin le combattre,
Joseph et son major-général le maréchal duc de Dalmatie,
firent les dispositions suivantes :

Le maréchal duc de Trévise eut le commandement de l'in-

(1) Le général Paris, de la famille des Paris-du-Verney et Montmartel,
avait été avant la révolution colonel des grenadiers de France ; il avait émi-
gré ; il avait récemment sollicité du service, et l'empereur lui avait donné un
brigade de cavalerie légère.

fanterie, le général Sébastiani celui de la cavalerie, le général Senarmont, le commandement et la disposition de toute l'artillerie (1).

Bataille d'Ocana 18 novembre 1809.

L'armée française qui s'avançait à la rencontre de l'armée espagnole, la trouva rangée en bataille.

L'aile droite et toute la cavalerie en arrière se déployaient sur un côteau en pente douce. Le centre formé en colonnes profondes était en avant de la ville d'Ocana; l'aile gauche derrière un ravin, peu profond en face de la ville, mais qui vers la gauche devenait un véritable précipice. Environ 40,000 hommes d'infanterie, 7,000 de cavalerie et 60 pièces d'artillerie étaient en ligne.

Les Français n'avaient que 24,000 hommes d'infanterie, 5,000 chevaux et 50 canons. Le maréchal Soult commandait l'armée française, l'artillerie était commandée par le général Senarmont.

Le maréchal résolut d'attaquer la droite et le centre des Espagnols et de contenir seulement leur gauche paralysée par le ravin. La cavalerie du général Sébastiani, les corps des généraux Leval, Gérard et Dessolles, manœuvrèrent pour tourner la droite des Espagnols; ce dernier étendait ses troupes sur sa droite pour border le ravin, soutenir le feu des tirailleurs dont il était rempli et tenir en respect l'aile gauche ennemie (2).

(1) Extrait du rapport du maréchal Soult major-général.

(2) Napier, Histoire des guerrres de la Péninsule. Ternay, traité de tactique.

« Ces dispositions étaient terminées à onze heures ;
alors Senarmont réunissant 30 pièces d'artillerie les porta
sur le bord du ravin et les fit jouer toutes à la fois contre
le centre des Espagnols.

« Pour protéger cette batterie contre les tirailleurs placés
dans le ravin, six pièces de canon y dirigèrent leur feu, pendant que six autres pièces placées plus à droite en balayaient le lit, qu'elles prenaient à revers.

« Durant cette canonnade les Espagnols, se voyant me-
nacés d'être tournés par leur droite, avaient fait exécuter à
cette partie de leur ligne un changement de front, l'aile
droite en arrière. Du centre de leur ligne 16 pièces de canons ouvrirent un feu meurtrier sur les colonnes Leval et
Gérard, à mesure qu'elles s'avançaient sur la droite.

« Pour ralentir le feu de cette batterie un bataillon français enleva au pas de course une petite éminence, qui en
était proche et une contre-batterie s'y établit. Les Espagnols
étaient indisciplinés, mal commandés, mais braves et les
plus nombreux ; ils reprirent tout-à-coup l'offensive ; et
leur feu redoublant de vigueur démonta deux canons français. Le maréchal Mortier, le général Leval furent blessés.
La ligne espagnole se porta en avant. Les premières divisions françaises fléchirent et ne tardèrent point à céder.

« Mais les batteries du centre avaient produit leur effet.
La mitraille avait chassé les tirailleurs du ravin et le feu de
la grande batterie avait forcé le centre de l'armée espagnole à
reculer, ce qui avait permis au général Dessolles de marcher
sur Ocaña. Alors le général Senarmont dirige tout son feu
sur l'aile droite des Espagnols, que le changement de front
en arrière exécuté précédemment lui permet de battre dans

toute sa longueur. Ce feu meurtrier, qui parcourt toutes les lignes, arrête le succès des Espagnols. Le maréchal Mortier a le temps de faire avancer sa seconde ligne à travers les intervalles laissés par la première...

« Avant la nuit tous les équipages militaires, 5,000 chevaux, 45 pièces de canons, 30,000 fusils, 26,000 prisonniers étaient tombés aux mains des Français.

« Qui n'admirerait la belle combinaison du général Senarmont? il sait qu'on doit tourner la droite de l'ennemi, qui alors sera obligé d'exécuter un changement de front en arrière. Alors au lieu d'aller prendre part directement à cette attaque, il commencera par battre leur centre qui menace de percer, et le forcera à reculer ; tranquille ensuite de ce côté, il exécutera un changement de front, qui lui permettra d'enfiler toute la ligne espagnole.

« Mais si cette combinaison est belle, c'est l'exécution surtout que nous devons admirer. Elle peut être entravée par le feu des nombreux tirailleurs placés dans le ravin ; dans toute autre circonstance ce ne serait point à l'artillerie à les éloigner ; mais ici pour être plus sûr du succès, pour qu'il ne puisse manquer par des causes indépendantes de lui, c'est avec l'artillerie même que Senarmont protège ses batteries contre les tirailleurs que le terrain favorise. L'action doit durer peu, il n'épargne pas la mitraille, et parvient à son but (1). »

Le rapport du maréchal Soult accuse 330 hommes tués et 12 à 1300 blessés.

---

(1) Favé. Histoire de Tactique des trois armes.

Rapport du général Senarmont sur les évènements relatifs à l'artillerie arrivés à la bataille d'Ocana 19 novembre 1809 (1).

« D'après les dispositions ordonnées par S. M. Catho-
« lique, le 4e (Sébastiani), le 5e corps (Mortier) de l'ar-
« mée d'Espagne, et la réserve composée de la garde royale
« et d'une brigade de la division du général Dessoles, furent
« réunis tant à Aranjuez qu'en avant de cette ville pour le
« 18 novembre.

« L'armée française ainsi composée avait l'artillerie dont
« le détail suit :

	4e corps.	5e corps.	Réserve.	Total.
Canons de { 8	10	2	7	19
4	6	3	2	11
Obusiers. { 6 p.	4	3	2	6
5 p. 4. l. 5	4		2	6
	24	10	11	45

« Le 19, matin, l'armée qui, la veille, avait eu une pre-
« mière affaire de cavalerie extrêmement brillante, plia les
« tirailleurs et les postes de l'ennemi, et les rejeta sur Ocana,
« dont il avait résolu de faire le pivot de ses opérations, et
« qui devint effectivement le centre de ses manœuvres et des
« nôtres.

« Ocana, petite ville de 3 à 4,000 âmes, est, quoique
« ouverte, dans une position très avantageuse et susceptible
« d'être retranchée avec facilité. Elle est couverte au nord
« par un ravin qui, prenant naissance de 800, à 1,000 mè-
« tres à l'est, devient un précipice très profond, qui forme

(1) Archives de l'artillerie 5529.

« un fossé naturel extrêmement difficile à franchir. Ce ravin
« tourné ensuite au nord-ouest, s'enchaîne avec d'autres val-
« lons, et tous finissent par porter leurs eaux au Tage. La
« ville est, au midi et à l'est, entourée de très belles planta-
« tions, et n'en est séparée par aucun obstacle.

« L'ennemi avait appuyé la gauche de son principal corps
« à Ocana ; par cette disposition, cette gauche se trouvait en
« grande partie naturellement retranchée par le ravin, son
« centre était formé en colonnes très profondes ; et on voyait
« évidemment que c'était par ce point qu'il se proposait de
« percer, sa droite s'étendant très loin. Il avait jeté la plus
« grande partie de sa cavalerie, et un corps assez considé-
« rable d'infanterie, sur la gauche d'Ocana ; il ne montrait
« d'abord que peu d'artillerie.

« Le 4ᵉ corps, qui formait la gauche de l'armée, après
« avoir fait quitter à l'ennemi les vallons d'Astigola, gagna le
« plateau qui les surmonte, et s'étendant vers la gauche,
« présenta ses divisions formées en masse, vis-à-vis le front
« de l'ennemi, tendant toujours à le déborder vers la gauche.
« La cavalerie masquait ses mouvements. Le 5ᵉ corps arri-
« vant, se formait successivement en arrière, et s'étendait
« sur la droite.

« Tel était l'état des choses, lorsque M. le maréchal Duc
« de Dalmatie, ayant fait prévenir les commandants en chef
« que le général commandant en chef l'artillerie en aurait
« seul la disposition et la direction, ordonna à celui-ci de
« réunir le plus d'artillerie possible en face de la gauche de
« l'ennemi (appuyée à Ocana comme il vient d'être dit), et
« d'en écraser son centre.

« Le général d'artillerie s'occupa d'exécuter rapidement

« ces dispositions, et prenant d'abord l'artillerie badoise qui
« se présenta la première, disposa ses 6 bouches à feu (2 pièces
« de 8, 2 de 4, et 2 obus de 5 p. 4 l.) de manière à ce qu'un
« des obusiers, tirant à mitraille, prolongeât autant que pos-
« sible la crête du ravin que l'ennemi avait garnie de tirail-
« leurs, et que les autres pièces, remplissant le même objet,
« portassent en outre leur feux dans les colonnes.

« Le capitaine La Sollaye, connu par son courage bril-
« lant et ses connaissances, remplit parfaitement cet objet.
« A la gauche de cette artillerie vint se placer l'artillerie
« hollandaise (2 pièces de 8, 2 obusiers de 6 pouces) à la-
« quelle on réunit les 2 pièces de 4, servies par l'artillerie
« polonaise; cette batterie devait protéger la division hollan-
« daise dont elle appuyait la droite, et remplit le même objet
« que l'artillerie badoise; elle était commandée par le brave
« lieutenant-colonel Trip.

« 2 pièces de 8 et 1 obusier, moitié de l'artillerie atta-
« chées à la 3e division de dragons, arrivant, furent placées
« par le général d'artillerie entre les deux précédentes avec
« ordre de suivre leurs mouvements et de prendre la même
« direction du feu.

« L'ennemi avait démasqué une batterie d'environ 15 à
« 16 pièces, intermédiairement entre son centre et sa gauche,
« et commençait un feu terrible, qui nous tua plusieurs
« hommes et chevaux. En avant de la division polonaise, et
« remontant vers la naissance du ravin, le terrain s'élevait,
« et offrait une position très avantageuse ; le général d'ar-
« tillerie avait résolu de l'occuper dès le commencement,
« mais craignait d'attirer le feu de l'ennemi sur cette division.
« Le général Leval, par un mouvement de flanc très court,

« lui en laissa la facilité. Le lieutenant Brechtel, de la 1re
« compagnie du 3e régiment d'artillerie à cheval, reçut ordre
« de s'y porter; quelques minutes après que le général l'eut
« quitté, cet excellent officier, remarqué dans toutes les af-
« faires où il s'est trouvé, par son sang-froid et son coup-
« d'œil, eut le pied gauche emporté d'un boulet.

« L'artillerie de la 1re division du 5e corps (2 pièces de 8,
« 2 de 4, 3 obusiers) commandée par le chef de bataillon Fru-
« chard, renforcée d'une pièce de la 2e division, arrivait en
« hâte. Cette artillerie parfaitement commandée et parfaite-
« ment servie, occupa le mamelon. Ce fut en ce moment,
« qu'un boulet coupant la lame de sabre du commandant
« Fruchard, un éclat de cette lame blessa grièvement à la
« figure ce brave officier, et le mit hors de combat. Il fut
« remplacé par le chef de bataillon Lignim, directeur-général
« des parcs, et dès-lors les colonnes ennemies essuyant un
« feu terrible et bien dirigé, le général put se croire sûr
« du succès. Prenant, comme l'ennemi, Ocana pour pivot,
« il laissa le mamelon garni des batteries badoises et hollan-
« daises, et développa toutes ses pièces sur la gauche, en
« retirant successivement celles de la droite. L'ennemi atta-
« qué de toutes parts, écrasé par cette batterie qu'il ne put
« désunir ni réduire au silence, quoiqu'il lui eût opposé un
« feu égal, et un instant supérieur, se détermina à la re-
« traite. Alors, pour seconder le mouvement général de l'ar-
« mée, favorisé par la nature du terrain, le général d'artil-
« lerie passa le ravin à sa naissance, et renforcé par l'artil-
« lerie de la 1re division du 4e corps (2 pièces de 8, 2 de 4,
« 2 obusiers de 6 p.), il déploya sur une seule ligne une

« formidable batterie de 31 bouches à feu (1) (12 pièces
« de 8, 8 de 4, 7 obusiers de 6 p. , 4 obusiers de 5 p.
« 4 l.). Pour la manier plus facilement, il la divisa en
« trois portions, la droite fut commandée par le colonel
« Berge, chef de l'état-major général d'artillerie ; le centre
« par le général Faultrier, et la gauche par le colonel Bou-
« chu. Sous leurs ordres agissaient les chefs de bataillon
« Chantel et Lignim.

« Ainsi réunie, cette batterie acheva de détruire tout ce
« qui résistait encore, et d'écraser les têtes de colonnes qui
« voulaient se reformer.

« L'ennemi, chargé en même temps de toutes parts, pour-
« suivi avec la plus grande vigueur, mit bas les armes par
« colonnes entières, perdit ses canons, ses drapeaux, et ce
« qui put s'échapper disparut.

« Telle fut la conduite de l'artillerie dans cette bataille
« mémorable ; elle a manœuvré avec une précision et un
« ensemble parfaits ; le feu a été exécuté par les pointeurs
« avec un sang-froid et une intelligence rares, qui dénote
« un grand perfectionnement dans l'instruction du soldat.

« Je ne saurais faire trop d'éloges de M. le général Faul-
« trier ; ce respectable officier a donné l'exemple d'une
« grande exactitude dans l'exécution des ordres qu'il rece-
« vait, animant et encourageant les troupes, et les dirigeant
« avec le plus grand zèle.

« Le colonel Berge a conduit la droite de la batterie, avec
« son talent et son courage ordinaires. Blessé à Talavera, il
« sert avec un zèle au-dessus de tout éloge.

(1) Répétition de la manœuvre de Friedland.

« M. le colonel Bouchu, qui a rendu les plus grands ser-
« vices au 1er corps, dans la retraite de Mérida, connu dans
« toute l'armée par son zèle et son dévoûment, en a donné
« encore mille preuves dans cette journée.

« 1831 coups de canon. Artillerie prise, 36 bouches à
« feu.

Officiers.		Soldats.	
Tués.	Blessés.	Tués.	Blessés.
3		3	27

*Extrait de la lettre d'envoi au premier inspecteur-gé-
néral comte Songis.*

« V. Ex. verra que dans cette affaire, qui a eu de si grands
« résultats, *l'artillerie a une grande part à la victoire.* »

A son Frère. — Madrid 6 décembre 1809.

« Mon artillerie *a fait merveille* à la bataille d'Ocana. »

A mademoiselle Le Vieillard, sa cousine, 27 novembre 1809.

« A force de combats, j'espère cependant que nous vien-
« drons à bout de terminer cette guerre. Cette nation est
« désunie, sans but, sans vrai courage. Un instinct d'orgueil
« et de férocité la rend opiniâtre, mais elle n'est pas coura-
« geuse, et leurs armées les plus nombreuses, se dissipent
« lorsqu'on les attaque sérieusement. Il n'y a pas grande
« gloire à vaincre de pareilles troupes, mais il est cruel que
« cela nous coûte de braves gens.

« La victoire d'Ocana et la paix d'Autriche changeront,
« j'espère, nos affaires. Je suis plus que las du perpétuel

« exil où je me trouve, *Je vieillis rapidement loin de ceux*
« *que j'aime, et avec qui je me trouverais si bien.* »

Après l'éclatante victoire d'Ocana qui semblait devoir arranger les affaires d'Espagne, les Français rentrent dans leurs cantonnements sans en tirer parti. Wellesley donne à la junte centrale des conseils qu'elle méprise : il rompt les ponts de la Guadiana et se retire à Mondego.

Campagne de 1810.

Napoléon, victorieux de l'Autriche, tourne tous ses efforts vers l'Espagne. Soult, avec les trois corps vainqueurs à Ocana, le 1er (maréchal Victor), le 4e (général Sébastiani), le 5e (maréchal Mortier), s'apprête à envahir l'Andalousie. Le général Reynier observe avec 22,000 hommes les frontières de Portugal. Les Espagnols avaient 20,000 hommes en Estramadure ; dans l'Andalousie et la Sierra Morena, 12,000 hommes commandés par le duc d'Albukerque, et 25,000 hommes des débris d'Areizaga.

Ce général avait fait fortifier par ses ingénieurs les passes si difficiles de la Sierra Morena. Le fort de la défense avait été porté sur le défilé de Despena Perros. Le 20 janvier, le maréchal Mortier l'aborda de front, et le tourna par la gauche par l'ancienne chaussée de Puerto del Rey.

Le général Senarmont prenant avec lui ses 6 pièces les mieux attelées, se lança avec ardeur dans le défilé. La vivacité de l'attaque permit à peine à l'ennemi de faire jouer ses mines. L'effet en fut médiocre, et le lendemain (le 21) le quartier-général était à Baylen, de douloureuse mémoire.

Victor tourna la droite d'Albukerque, Sébastiani arriva à Ubéda.

« Le 22 janvier, Senarmont arrivait à Andujar avec des troupes nombreuses. Les magistrats de la ville vinrent lui offrir une grosse somme en or, pour obtenir qu'il ne frappât pas leur ville de contributions. *Loin de trouver M. de Turenne un homme inimitable*, il repoussa cette offre avec indignation. Dans leur reconnaissance, ils revinrent lui présenter des vivres et quantité de provisions en nature, qu'il n'accepta qu'en les faisant payer bien au-delà de leur valeur. (1). »

La marche de l'armée française tendait à couper les communications entre Séville et Cadix. Choisissant entre ces deux villes, le duc d'Albukerque se porta rapidement sur Cadix. Les Français entrèrent le 31 janvier à Séville qui livra d'immenses ressources. Le maréchal Victor se porta sur Cadix, mais il arriva trop tard, le général espagnol avait douze heures d'avance dont il profita pour rompre le pont qui lie à la terre-ferme l'île de Léon qu'il mit à l'abri d'un coup de main. Il fallut, malgré d'immenses difficultés, en entreprendre le siége.

Senarmont s'occupa à recueillir, et à mettre en ordre toutes les ressources trouvées à Séville. Il réorganisa l'arsenal, la fonderie, la fabrique de poudre et ses accessoires. Tous ces travaux l'occupèrent jusqu'à son départ pour le 1er

---

(1) *Notes fournies par Théodore Joran.* Théodore Joran, né à Dreux, canonnier au 6e régiment d'artillerie, fut en mai 1810, choisi par le général Senarmont pour homme de confiance. Sa probité et son intelligence introduisirent dans la tenue de la maison de grandes économies. Il est (1845) gérant d'une filature à Briey, département de la Moselle.

corps devant Cadix. Il imprima aux travaux de ces établisse-
ments la plus grande activité.

Les Archives de l'Artillerie conservent, n° 5530, un mémoire sur le matériel de Séville, et une lettre d'envoi au général Songis, premier inspecteur-général, sous la date du 3 février. Il se plaint amèrement du manque d'argent. Toujours
préoccupé de l'intérêt de son pays, 100,000 francs lui suf-
firaient pour créer un matériel qu'il faudra faire venir de
France à grands frais. A force d'activité, de volonté, il parvint à créer ce matériel. Aussi ne quittait-il guères l'arsenal
que pour des travaux de bureau.

A son Frère, 9 février.

« Je suis dans les rassemblements d'équipage de siége,
« dans la recherche et la réunion de l'artillerie abandonnée
« par l'ennemi, et cela n'a pas de fin.

A mademoiselle Le Veillard, sa cousine, 9 février.

« Je suis si las d'être expatrié, si rassasié de guerres, qu'en
« vérité je crois que j'aimerais mieux labourer moi-même
« un champ près de Dreux, tous les jours, du matin au soir,
« pourvu que je pusse coucher chez moi. Ajoutez à cela que,
« *malgré les belles et brillantes apparences de ma posi-*
« *tion, je m'y ruine avec toute l'économie possible. Ce*
« *siècle ne convient qu'à ceux qui savent piller et voler,*
« *et je ne crois pas que jamais je l'apprenne.* »

Avec sa rare probité, *il était obligé de s'imposer des
privations pour ne pas dépenser à l'armée son patri-
moine* (1).

(1) *Notes de Théodore Joran.*

A M. de Camas, alors colonel au 6ᵉ régiment d'artillerie.

Port-Sainte-Marie, 14 octobre 1810.

« Nous avons quitté Séville, mon cher ami, pour faire
« une tournée dont je ne prévois pas le terme. Le général
« d'Aboville aîné (commandant l'artillerie du 1ᵉʳ corps),
« ton ami et le mien (1), a fait ici un travail immense,
« mais nous n'avons pas le quart des moyens qu'il nous
« faudrait pour l'opération délicate et épineuse qu'on a en-
« treprise.

« Et toi, où ma lettre t'atteindra-t-elle, quand nous re-
« verrons? nous Ainsi que toi, je me fais vingt fois par
« jour, cette question, et la réponse qui me désespère.
« Aussi je finis, car je te rendrais aussi triste que moi, et
« cela n'est pas nécessaire. »

Ces lignes, les dernières que nous avons recueillies de
lui, sont remarquables par la tristesse dont elles sont em-
preintes.

Conduit par le sentiment du devoir qui fut toujours son
unique mobile, il se livra avec son activité habituelle à l'inspection des travaux du siége de Cadix; passant ses journées
à visiter les lignes, et consacrant une partie des nuits au
travail de bureau (2).

Le 25 octobre, il venait de parcourir une partie des lignes avec son état-major. « *Eh bien, Messieurs*, leur
« dit-il, *nous avons fait notre ronde militairement au*

(1) Nous retrouvons ces deux noms unis par l'amitié, comme à la généra-
tion précédente les pères l'avaient été sur le champ de bataille de Valmy.

(2) Les Archives de l'Artillerie conservent sous le Nº 5551 un volumineux
rapport sur l'organisation de l'artillerie de *toutes les armées d'Espagne*,
fruit de ses longs et opiniâtre travaux.

« *milieu des bombes et des boulets.* » On lui fit la remar-
marque qu'il s'exposait beaucoup trop. « *Je suis envoyé*
« *par l'Empereur pour voir*, leur répondit-il, *je dois*
« *remplir mon devoir* » (1).

*Rapport du colonel Berges, chef de l'état-major de
l'artillerie, au général Songis premier inspecteur-
général.* (2)

Xerès, 27 Octobre 1810.

« J'ai l'honneur d'annoncer à votre Excellence avec la
plus vive douleur, que le général Senarmont, et le colonel
Degennes, directeur-général des parcs de l'armée, ont été
tués hier (26 octobre) à 2 heures après midi, par un obus
de 8 pouces dans la redoute Villate. Le général Senarmont
n'a pas survécu un instant au coup qui l'a frappé. Le colonel de Gennes est mort environ un quart d'heure après,
mais sans avoir parlé, ni avoir donné aucun signe de con-
naissance, pendant tout ce temps-là. Le même obus a emporté la cuisse droite au capitaine Pinondelle, commandant
la redoute Villate. Lorsque je le quittai hier à trois heures
du soir, les chirurgiens pensaient qu'il ne passerait pas la
nuit; cependant il soutenait sa blessure avec beaucoup de
calme et de courage. »

(*Journal du siége, le* 27. Le capitaine Pinondelle, blessé
mortellement hier à la batterie Villate, est mort aujour-
d'hui à 11 heures du matin).

(1) *Notes de Th. Joran, qui entendit l'observation et la réponse.*
(2) **Archives de l'artillerie 5490. Journal du siége (gros volume.)**

« Le général de Senarmont partit hier de Puerto-Real à
9 heures du matin, avec son état-major et le général d'A-
boville, pour aller visiter les batteries qui ont été établies
depuis cette ville, jusqu'à l'extrémité gauche du canal Santi
Petri. Il arriva à 2 heures à la redoute Villate dans laquelle se trouve la dernière de nos batteries. On s'occupait
de combler les embrasures pour mettre cette batterie à
barbette, et on avait mis en batterie, la nuit précédente,
une pièce de 24 sur affût de siége à échantignolles, qui
n'avait pas encore tiré. Le général Senarmont voulut la faire
éprouver contre une chaloupe canonnière ennemie qui était
en station à environ 1000 toises (2 kilomètres), devant la
batterie et dans le canal Santi Petri. On tira un premier
coup, et personne de nous n'aperçut la chute du boulet.
Il donna ordre d'en tirer un second, et vint de l'extrémité
gauche de la batterie où il était, pour se mettre au vent de
la pièce et pouvoir mieux observer la chute du boulet. Au
moment où on mit le feu à la pièce, l'ennemi riposta de la
batterie Saint-Jacques, située sur le bord du canal St Petri.
Le général Senarmont, le colonel de Gennes, le capitaine
Pinondelle, s'étaient mis en file, l'un derrière l'autre, devant une embrasure à moitié comblée, pour observer le coup.
La fumée de la pièce les empêchait de voir arriver l'obus de
8 pouces, que l'ennemi venait de lancer, et qui les frappa
tous trois au côté droit, depuis le sein jusqu'à la cuisse. L'obus
s'enfonça ensuite dans le massif du parapet opposé et éclata
un moment après sans blesser personne, quoique nous nous
fussions portés près du corps du général Senarmont. On a
transporté son corps, ainsi que celui du colonel Degennes,

à Chiclana, où on leur rendra aujourd'hui les honneurs dus à leurs grades. »

« Voilà, mon général, comment est arrivé ce malheureux évènement que nous déplorons tous. L'armée perd dans le général Senarmont, *l'officier du corps le plus distingué, et qui ne sera vraisemblablement pas remplacé de long-temps.* Ses amis perdent un ami sincère et énergique, et les personnes qui l'ont connu regretteront toujours ses excellentes qualités. »

Le général en chef fit connaître à l'armée, la perte qu'elle avait faite par l'ordre du jour suivant :

« L'armée apprendra avec douleur que M. le général de division Senarmont, commandant en chef l'artillerie de l'armée, a terminé sa carrière devant Cadix. Ce digne et respectable général dont le nom se trouve attaché aux faits d'armes les plus mémorables de la guerre, était à visiter les formidables ouvrages que le 1er corps d'armée a élevés, lorsqu'un obus lancé par une batterie l'a atteint à la poitrine. Le même coup a aussi renversé M. le colonel Degennes, directeur-général des parcs d'artillerie, et M. le capitaine Pinondelle, tous deux officiers très distingués.

« L'Empereur regrettera certainement la perte de M. le général Senarmont S. M. n'avait point de sujet, qui portât à l'exercice de ses devoirs un dévoûment plus absolu. Toutes ses pensées étaient dirigées vers le service, la gloire des armes impériales, et le perfectionnement de la science dans le corps illustre dont il était un des principaux chefs.

« Les honneurs dus au rang qu'occupait M. le généra

Senarmont, lui seront rendus au 1ᵉʳ corps d'armée, ainsi qu'au colonel Degennes et au capitaine Pinondelle. Le cœur de M. le général Senarmont sera embaumé pour être porté en France, à l'effet de recevoir la destination qu'il plaira à S. M. l'empereur d'ordonner

« M. le général de brigade d'Aboville a été désigné pour commander provisoirement l'artillerie de l'armée, etc. »

« Le général en chef de l'armée impériale du midi en Espagne. »

Le Maréchal Duc de Dalmatie.

Les honneurs funèbres furent rendus le 28 à Porto Santa-Maria avec le plus grand éclat, et les trois victimes de ce coup fatal ensevelies dans la chapelle Santa Anna près Chiclana.

Le général de division Villate, et le général de brigade baron Cassagne, prononcèrent deux oraisons funèbres qui, ainsi que le procès-verbal des honneurs funèbres, sont insérés dans le journal du siége. (1)

« Je dois rappeler ici les derniers mots de l'intrépide Pinondelle. Ses canonniers, qui l'aimaient, pleuraient autour de lui, et tous s'empressaient à le secourir. *Allez, mes enfants, ce n'est pas de moi qu'il faut vous occuper, c'est de la perte irréparable que vous venez de faire. Pleurez le meilleur des chefs. C'était votre ami, votre père; c'était l'honneur de l'artillerie.* » (2)

Quel éloge vaudrait ces simples paroles, aussi honorables

(1) Archives de l'artillerie 5490.

(2) Oraison funèbre prononcée par le général Villate.

pour l'un que pour l'autre. Ne semble-t-il pas entendre M. de Saint-Hilaire à la mort de Turenne ?

L'armée entière porta pendant un mois le deuil du général Senarmont.

Voici en quels termes sa mort est appréciée par un écrivain anglais. (1)

Après avoir raconté comment la flotille, construite à Séville, descendit le Guadalquivir, échappa aux Anglais et parvint à Porto Santa-Maria, et énuméré plusieurs avantages obtenus par les Français.

« Tous ces avantages furent contrebalancés par la mort du « général Senarmont, officier de la plus haute distinc- « tion. »

Le général d'Aboville, appelé à le remplacer, s'exprimant avec une modestie bien rare, fait ainsi l'éloge de son ami.

« Il me faudrait beaucoup plus de talent et d'expérience que je n'en possède pour succéder avec avantage à *un chef qui avait acquis à juste titre une grande célébrité*. L'ordre établi par lui dans toutes les parties de l'artillerie sera continué. Je ne puis mieux faire que de suivre ses traces. » (2)

Ainsi périt, à quarante-un ans et demi, le général Senarmont, lorsque ses talents et son génie militaire, mis dans un jour éclatant, allaient le porter aux premiers rangs de l'armée.

Nous ne chercherons point à apprécier ici ce que la tactique de l'artillerie doit au général Senarmont. On a vu déjà

(1) Le colonel Napier. Histoire de la guerre de la Péninsule. Livre XII. Chap. II.

(2) Archives de l'artillerie 5490.

que le succès de ses manœuvres hardies pût modifier les idées de l'Empereur lui-même. Nous nous contenterons de joindre un dernier témoignage à ceux que nous avons déjà cités.

« Cette arme (l'artillerie) devenue plus maniable essaya de devenir plus manœuvrière et chercha à agir avec plus d'indépendance. Ses réserves mieux distribuées lui permirent d'entrer en action dans le moment opportun. Sa sphère d'action allait s'agrandissant sans cesse; cependant elle hésitait encore à profiter de tous ses avantages. Considérée jusqu'alors comme un instrument purement accessoire, elle ignora longtemps ce qu'elle pouvait faire par elle-même; il fallait un homme habile et doué d'un grand coup d'œil militaire pour entraîner l'artillerie dans la voie nouvelle et glorieuse qu'elle n'avait fait qu'entrevoir. Cet homme s'est trouvé dans le général Senarmont. La manière audacieuse dont il sut employer son artillerie à la bataille de Friedland, et les grands résultats qui en furent la conséquence, étonnèrent Napoléon lui-même... A partir de cette époque Napoléon pensa que l'artillerie était susceptible d'être employée comme arme indépendante et même dans certains cas, pour un but déterminé, comme arme principale. On peut en citer pour exemple la grande batterie de Wagram et les belles manœuvres exécutées par le général Drouot aux journées de Leipsig, à Haneau etc, (1). »

Dans le moment critique de la bataille de Wagram, le besoin d'un vigoureux effort de l'artillerie rappela à Napoléon

(1) Artillerie de campagne en France etc. etc. Précédé d'observations par le commandant d'artillerie Mazé, professeur à l'Ecole d'application du corps royal d'état-major. Observations préliminaires p. vjj.

l'audacieuse manœuvre de Friedland. « *Ah! si j'avais Se-*
« *narmont!* » s'écria-t-il (1). Quel plus bel éloge que ce
souvenir involontaire.

Les fragments de sa correspondance privée que nous avons
cités, ont fait connaître en partie sa belle âme. Tandis que
la plupart de ses contemporains cherchaient sur le champ de
bataille, la gloire, les grades et la fortune, il n'y porta jamais que le *sentiment du devoir*, son seul mobile avec l'a-
mour de la France. Après chacun de ses plus brillants faits
d'armes, il n'exprime que le désir de la retraite, et la satisfaction d'avoir contribué à la gloire de son pays.

Indifférent à l'argent, il ne s'en occupa jamais que pour
établir dans ses affaires cet ordre parfait, cette louable économie, seuls garants de l'indépendance du caractère et d'une
honorable libéralité.

D'un caractère vif et bouillant, s'il se laissa quelquefois
emporter au-delà des bornes, il ne craignit jamais de réparer publiquement ses torts; il le fit toujours avec tant de
noblesse et de loyauté, que l'on a vu parmi les plus chauds
partisans de sa mémoire, quelques officiers qui avaient souf-
fert d'un premier mouvement de vivacité. D'ailleurs, les
années et l'expérience des hommes la calmaient de jour en
jour.

Il était sans pitié pour les fripons : sa délicatesse, son aus-
tère probité souffraient cruellement des excès qui accompa-
gnent trop souvent la guerre, et qui furent si communs dans
celle d'Espagne. Ces sentiments, bientôt connus des Espa-

(1) Capefigue. **Histoire du Consulat et de l'Empire, d'après des communications du maréchal Macdonald.**

104 MÉMOIRES

gnols, lui attirèrent souvent des démonstrations bien flatteuses de la part de tels ennemis.

A Cevollas, gros village près de Tolède, lorsque les habitants apprirent que l'artillerie, commandée par le général Senarmont, revenait loger dans leur commune où elle avait été cantonnée quelques temps auparavant, ils vinrent au devant du général lui offrir *des fleurs et des rafraîchissements*, seules choses qu'ils savaient pouvoir lui faire accepter.

« Lorsqu'un de ses aides-de-camp, M. Othon Hufty (1), et son homme de confiance, Th. Joran, repassèrent par Andujar, rapportant en France le cœur du général, les habitants de cette ville n'avaient pas oublié la générosité, si rare dans ces temps, avec laquelle il avait refusé l'argent qu'ils lui offraient, et la sévère discipline qu'il avait fait observer à ses troupes. Les principaux d'entre eux sortirent de la ville pour venir mêler leurs regrets à ceux de l'escorte, et se disputèrent l'honneur de loger l'aide-de-camp du général et son fidèle serviteur (2). »

Il avait conservé, même avec l'Empereur, une indépendance de caractère et de langage remarquables : aussi jamais ne jouit-il près de lui d'aucune faveur ; ses grades furent tous conquis par des services signalés ; et décorations ou grâces, il obtint moins que tout autre officier général de son mérite.

« Dans la revue qui suivit la prise de Madrid, plusieurs récompenses, bien méritées, avaient déjà été accordées, sur la demande de Senarmont, dans l'artillerie du 1er corps. Il in-

(1) Tué capitaine d'artillerie à la bataille de Leipsig.
(2) *Notes de Th. Joran.*

sistait pour une réclamation non moins légitime, le grade de chef de bataillon promis au capitaine Legay, qu'il présentait à l'Empereur. « *Nous verrons à la première affaire.* — *Votre Majesté l'a promis :* — *A la première affaire.* — *Sire, vous l'avez promis, et si vous ne lui donnez pas ce grade, je vous prie de me permettre de donner une de mes épaulettes au capitaine Legay, et de vous rendre l'autre.* — *Vous serez toujours une mauvaise tête,* lui dit l'Empereur, *il faut faire ce que vous voulez.* » (1)

Cette même indépendance de langage, il la conservait en toutes circonstances, quel qu'en pût être l'effet sur certains de ses auditeurs. Peu de jour après la bataille de Talavera, dans un dîner nombreux des chefs de l'armée, chez le roi Joseph, on vint à parler d'un malheureux employé des vivres qui, surpris en flagrant délit de concussion, avait été condamné à mort. « *Sire*, dit le général Senarmont, *si vous voulez détruire le mal, ce n'est pas aux branches qu'il faut porter la hache, mais aux racines. Faites fusiller le premier des commandants en chef qui sera pris en faute, à commencer par moi si cela m'arrive.* Plus d'un convive baissa les yeux et se mit à considérer son assiette. (2) »

« Doué d'une vigueur extraordinaire de caractère, elle était alliée à beaucoup de modestie et à une extrême bonté. Capable des plus grandes actions, il s'étonnait de ce qu'elles pou-

(1) *Lettre de M. de Camas.*
(2) *Récit de MM. de la Porte et de Lignim.*

vaient être des sujets de félicitation. Sans s'en douter et sans
y prétendre il avait toutes les qualités des grands hommes. (1) »

Nous allons laisser parler un officier qui a servi sous ses
ordres, depuis le 28 février 1807, jusqu'à la bataille d'O-
cana, 18 novembre 1809.

« Sauf les dévastations impérieusement commandées par
l'état de guerre, le général Senarmont voulait qu'en pays ennemi les personnes et les propriétés fussent respectées comme
en paix et en France. Cependant les atrocités commises par
les Espagnols, malgré la justice de leur cause dans le prin-
cipe, réagirent bientôt d'une fâcheuse manière sur la mora-
lité de l'armée française, chargée de la conquête de l'Espagne.
Afin de maintenir la discipline des troupes sous ses ordres,
et pour empêcher l'artillerie d'abuser de ses nombreux moyens
de transport, d'une manière préjudiciable à la réputation de
ce corps, le général prescrivit de fréquentes visites des sacs,
porte-manteaux, caissons, prolonges, etc. Une de ces visites
fit découvrir dans un caisson, sous la clé d'un officier du train,
des objets précieux provenant évidemment de rapine, le général les fit remettre à l'autorité espagnole la plus voisine,
afin qu'elle les restituât à qui de droit, et l'officier coupable
fut immédiatement et honteusement chassé de l'armée, avec
des paroles de blâme bien plus efficaces qu'une condamna-
tion judiciaire : car rien n'était plus redouté que la censure
du général Senarmont, parce que si elle était vive, elle était
toujours dictée par l'équité et les sentiments élevés du devoir.

(1) Art. nécrologique dans le Mémorial du département d'Eure-et-Loir,
N° 345, 20 mars 1811.

« Si les hommes peu soucieux d'accomplir leur devoir avaient toujours à redouter son contrôle sévère et vigilant, son estime et sa protection étaient acquises, une fois pour toutes, à ceux qui avaient bien fait.

« Au fond de leur retraite obscure, à de grandes distances de temps et de lieux, le soldat mutilé, la veuve et les enfants de ceux que le général avait vu bien mériter de la France, recevaient, avec une reconnaissante surprise, des témoignages précieux de la persévérante sollicitude de ce noble et illustre chef.

« D'une taille moyenne, brillant cavalier, toujours bien monté, d'une tenue belle, sévère et simple tout à la fois, le général, sur le champ de bataille, subissait dans la voix, dans le geste, dans le regard, dans toute sa personne, une transformation qui semblait le grandir avec les évènements. Après avoir tout disposé, prévu tout ce qui pouvait se prévoir avant le combat, pendant l'action, le général se précipitait partout où il y avait un péril à affronter, un exemple ou un ordre à donner.

« Dans la conduite de son artillerie, il recevait, des circonstances et des lieux, ces inspirations heureuses et soudaines qui engendrent de grands résultats, et répandent, par ce qu'elles ont d'imprévu, l'étonnement, le désordre et la consternation dans les rangs ennemis (1).

---

(1) C'est à cette valeur brillante, à cet élan chevaleresque que le nom du général Senarmont a dû, hors de son corps, dans toute l'armée, une popularité plus grande peut-être que celle d'aucun autre général d'artillerie. Son attaque de Madrid eut l'honneur d'une de ces *illustrations* grossières, qui vont orner la chambre des vieux soldats. En 1843, dans les ateliers d'une route en con-

« On peut dire que le général Senarmont était le Bayard et le Condé de l'artillerie ; Bayard, par ses vertus chevaleresques ; Condé, par son intelligente audace.

« Si on voulait faire un rapprochement entre le général Senarmont et des hommes marquants de son temps et de son armé, on pourrait justement affirmer qu'il réunissait en lui seul le vaste savoir, les austères vertus du général Drouot, à toutes les qualités nobles et brillantes du général Foy. » (1)

Le maréchal Soult disait, en 1842, à la fille du général Senarmont : « *Votre père était l'homme le plus complet que j'aie jamais rencontré.* »

Honneurs rendus à sa mémoire.

Le ministre de la guerre au général comte de la Riboisière, premier inspecteur-général de l'artillerie.

Général.

« Sa Majesté m'ayant fait connaître qu'il serait convenable que l'artillerie fît un service funèbre au général Senarmont, et ayant décidé, le 17 novembre dernier (1810), que le cœur

struction du département de l'Eure, parmi de vieilles chansons du bivouac, on entendait encore ce couplet à son honneur.

Brave comme un lion	A Fri'dland, en All'magne
Le général Senarmont,	A Cadix, en Espagne,
Fait charger ses canons	Il aima, mieux mouri'
Comme des escadrons.	Que d' trahir son pays.

Curieuse et juste appréciation de son audacieuse tactique, par une muse soldatesque.

(1) *Le colonel Brechtel. Souvenirs sur le général Senarmont)*

embaumé de ce général serait placé à Sainte-Geneviève, je vous invite à vous charger des détails de cette cérémonie....

« L'intention de Sa Majesté est qu'il soit prononcé, dans cette circonstance, une oraison funèbre, afin qu'on puisse en mettre une notice dans le *Moniteur*. »

Ce service solennel eut lieu à Saint-Thomas d'Aquin, avec une grande pompe. Le général Lariboisière prononça l'oraison funèbre (Moniteur, N° 159, 14 juin 1811), et le cœur du général Senarmont fut déposé, et placé, avec une inscription, dans les cryptes de Sainte-Geneviève.

La ville de Dreux a fait faire également à son illustre citoyen un service solennel avec oraison funèbre.

Le conseil général du département d'Eure-et-Loir a voté, dans sa session de 1811, un monument funèbre, dans la cathédrale de Chartres, au président à vie de son collège électoral; ce vœu a été négligé par le ministère du temps.

L'amitié fraternelle a fait placer, dans une chapelle de l'église de Dreux, un marbre qui rappelle le souvenir et et les vertus du général Senarmont et de son père.

Son nom figure sur l'Arc de Triomphe de l'Étoile; son buste à Versailles, dans la galerie des officiers généraux morts sur le champ de bataille.

Le comte Gassendi, lieutenant-général d'artillerie, a consacré cette épitaphe à la mémoire *de son ami*.

> Ami sûr et bon fils, tendre époux et bon père,
>   Guerrier, honneur du nom Français,
> Sous les murs de Cadix, dans ta jeune carrière
>   La mort t'a frappé de ses traits ;
> Mais le nouveau César dont l'Europe révère
>   Et le génie et les hauts-faits,

Aux champs de Friedland, dit à l'armée entière
Senarmont a fait mes succès.
Un héros dit ta gloire ; à jamais, ombre chère,
Tes amis diront leurs regrets.

(Mes Loisirs. Poésies. Dijon. 1820. *)*

Sa veuve lui survécut peu d'années ; une maladie, occasionnée par le chagrin, la conduisit au tombeau, le 24 mai 1815, à 41 ans.

Son fils, Alexandre-Hippolyte, après avoir servi, en 1814, dans le 1er régiment de chasseurs à cheval ; et, en 1815, dans le 17e régiment, est aujourd'hui receveur-général des finances, à l'Ile-Bourbon.

Sa fille, Henriette-Désirée, mariée à M. de la Bigottière, ancien capitaine aux dragons de la Garde Royale, a un fils unique, sous-lieutenant au 3e régiment de chasseurs d'Afrique, où il sert avec distinction (1845).

A l'époque de la guerre de 1823, M. Amédée de Senarmont, son frère, écrivit au lieutenant-général d'artillerie, vicomte Tirlet, commandant en chef l'artillerie de l'armée d'Espagne, pour lui demander des renseignements sur l'état de la sépulture de son frère, à Chiclana ; il en reçut la réponse suivante :

« Ce que vous craigniez est arrivé ; les Espagnols ont violé la sépulture, dans la chapelle Santa-Anna, placée sur un point élevé au dessus de Chiclana, d'où l'on découvre la batterie où il a été frappé, l'île de Léon et la ville de Cadix. La populace insensée a jeté au vent les cendres *de l'homme généreux qui la protégea au milieu des désastres de la guerre, qui fut toujours juste et loyal.*

« J'ai frémi, en apprenant les détails de cet attentat.

J'étais loin de m'y attendre ; *j'avais entendu les habitants des provinces où il avait commandé se répandre en éloges pour le bien qu'ils en avaient reçu.*

« Privé du bonheur de rapporter en France les restes d'un homme dont mon arme s'honore, j'ai chargé un officier d'artillerie de dessiner la chapelle dans laquelle mon illustre ami a été inhumé, et de comprendre dans le même plan la batterie où il a reçu le coup mortel.

« J'aurais voulu pouvoir faire plus pour la mémoire d'un homme, auquel on peut appliquer ce que Montécuculli disait de Turenne : *Il est mort cet homme qui faisait honneur à l'homme.* »

Le 10 juin 1840, le général Tirlet écrivait à M. de la Bigottière, gendre du général Senarmont :

« Qu'ayant remarqué avec peine, et beaucoup d'officiers de l'ancienne armée ayant remarqué comme lui l'absence du portrait du général de Senarmont, dans le Musée de Versailles, il en avait fait l'observation au directeur du Musée, qui lui répondit aussi avoir remarqué que le général manquait à cette collection nationale. »

Il réclamait de la famille un portrait pour l'exécution de ce tableau.

La mort enleva à son tour le lieutenant-général vicomte Tirlet.

Cette lacune dans la collection de Versailles, où le général Senarmont son père avait un souvenir, (1) fut de

---

(1) Bataille de Valmy par H. Vernet, copie de Mauzaisse. Vatout, notices historiques sur les tableaux de la galerie du Palais-Royal T. II. p. 484.

nouveau remarquée par des officiers de l'ancienne armée. Le colonel d'artillerie Brechtel, commandant du château de Versailles, leur servit d'organe, et réclama, en 1843, le buste du général pour la galerie des officiers généraux, morts sur le champ de bataille. Ce vœu fut entendu, et un buste commandé à M. Dantan, aîné. M. Brechtel s'adressa à la famille pour obtenir un portrait, il n'existait malheureusement qu'une miniature des plus médiocres. Aidé de cette miniature, de la ressemblance de madame de la Bigottière fille du général, et des conseils de beaucoup d'officiers d'artillerie, M. Dantan, avec un talent remarquable, est parvenu à exécuter un buste qui a satisfait les nombreux amis qui conservent encore la mémoire du général de Senarmont.

Imprimerie hydraulique de Giroux et Vialat, à Saint-Denis-du-Port, près Lagny.